外籍人才移民制度研究：
多元一体全球化的视阈

高子平　著

Research on Foreign Talent Immigration System:
Dimension of United Globalization in Diversity

上海财经大学出版社

图书在版编目(CIP)数据

外籍人才移民制度研究:多元一体全球化的视阈/高子平著.—上海:上海财经大学出版社,2023.3
ISBN 978-7-5642-4026-4/F·4026

Ⅰ.①外… Ⅱ.①高… Ⅲ.①人才引进-人才政策-研究-中国 ②移民-政策-研究-中国 Ⅳ.①C964.2 ②D632.4

中国版本图书馆 CIP 数据核字(2022)第 138352 号

□ 策划编辑 石兴凤
□ 责任编辑 石兴凤
□ 封面设计 贺加贝

外籍人才移民制度研究:
多元一体全球化的视阈
高子平 著

上海财经大学出版社出版发行
(上海市中山北一路 369 号 邮编 200083)
网 址:http://www.sufep.com
电子邮箱:webmaster@sufep.com
全国新华书店经销
江苏苏中印刷有限公司印刷装订
2023 年 3 月第 1 版 2023 年 3 月第 1 次印刷

710mm×1000mm 1/16 12.75 印张(插页:2) 183 千字
定价:79.00 元

序

中国开启中国式现代化的新篇章，习近平总书记号召聚天下英才而用之。外籍人才引进、管理与服务成为我国人才工作的重要组成部分，也是中国和平发展的重要秘笈之一。改革开放之后，我国大力引进外国专家，形成了一整套的体制机制和工作方式方法。同时，很多外籍员工通过跨国公司内部调派、中国本土企业市场化招聘等途径来华就业。外籍人才的涌入为我国经济社会发展提供了重要的外部智力支撑，也使我国显著缩小了与西方发达国家的人才梯度差。近年来，新一轮科技革命与产业变革犹如惊涛骇浪，深刻改变着人类社会的生产方式、生活方式和思维方式，创新资源及其主要载体——人才——的地位与作用进一步凸显。科技不再是产业发展的渗透性因素，而是直接决定产业层级与模式的决定性要素。相应地，国际人才资源的争夺也不仅仅是国际移民政策的组成部分，而是上升为国家核心竞争力的重要维度，与国家发展战略、国家战略安全等直接相关。

高质量发展是首要任务，人才是第一资源，创新是第一动力，科技是第一生产力。在我国践行新发展理念、谋划新发展格局之际，人才已经成为经济科技发展的最为重要的产业基础工程，对人才引进、管理、服务工作的重视程度也不断上升。2021 年 9 月 28 日，习近平总书记在中央人才工作会议上强调，要坚持党管人才，坚持面向世界科技前沿、面向经济主战场、面向国家重大需求、面向人民生命健康，深入实施新时代人才强国战略，全方位培养、引进、用好人才，加快建设世界重要人才中心和创新高地，为 2035 年基本实现社会主义现代化提供人才支撑，为 2050 年全面建成社会主义现代化强国打好人才基础。2022 年 10 月 16 日，习近平总书记在党的二十大报告中进一步强调，要深入实施人才强国战略，完善人才战略布局，加快建设世界重要人才中心和创新高地，着力形成人才国际竞争的比较优势。这是在重要历史拐点上的人才工作战略动员，为今后中长期内做好各项人才工作包括外籍人才工作奠定了基调、指明了方向。

中国的发展到了引领时代的新时期。如果说以往的政策举措可以更多地学习借鉴西方发达国家的成功做法，那么，面对全球人才大变局，面对中国发展的全新历史方位，就需要从学理层面进行深层探索，同时在顶层设计层面下功夫，形成我国外籍人才工作的新局面。换言之，理论层面与政策层面的探索创新需要并行不悖、相互促进，并立足于中国优秀的历史文化传统，尤其是人才流动的历史实践与中国本土的人才思想，以最终形成外籍人才领域的中国概念、中国理论、中国方案、中国话语甚至中国标准为目标。这是一项艰巨而光荣的历史任务，也是中国人才领域的实务工作者和理论工作者必须交出的一份时代答卷。

高子平教授作为新生代杰出的青年才俊，带领团队撰写的《外籍人才移民制度研究：多元一体全球化的视阈》有许多独到的见解，许多研究成果可以成为政策建议和资政咨询的主要参考，有的成果可以在一些地方示范落地。这些成果的取得是他所带领的研究团队长期致力于海外人才领域的信息采集、实证调查、数据库建设、学理探析和决策咨询研究的结果。总的来看，本书跳出外籍人才工作层面，从全球化阶段演进的全球史观出发，厘清全球人才流动的历史方位以及动能转换机理，并从学理层面对传统的概念进行深刻反思与辨析，主张形成一整套中国特色的外籍人才移民概念体系、理论体系、政策体系和话语体系，在一定程度上反映了当代中国学者的学术使命感。此书是难得的理论创新和实践探索的优秀成果，相信本著作的出版能进一步增强该领域的学术自信并激发更多的真知灼见，共同为我国新时代的外籍人才研究贡献智慧。

谨以为序。

中共中央党校经济学教研部副主任　许正中教授

2023 年 2 月 23 日

目　录

第一章　绪　论

人类历史上最早的大规模人才流动发生于我国东周时期，并对后世中国的人才管理与使用及本土人才理论的形成产生了深远影响。世界范围内的常态化人才流动始于近代，技术移民制度源于传统移民国家（美、加、澳、新）的劳动力移民政策，并在冷战终结之后被各国广泛认可与借鉴。我国参照西方技术移民制度的一些具体举措，积极参与全球人才资源配置，成为国际人才市场的重要参与方。当前，新一轮科技革命和产业变革犹如惊涛骇浪，全球人才大变局梯次纷呈，发达国家纷纷出台了更富民族主义色彩的技术移民政策，西方主导的新自由主义全球人才流动全面退潮。我国正在实施人才强国战略，亟须从实现第二个百年奋斗目标的历史高度，基于多元一体全球化的新趋势，探索与中华民族复兴大业相匹配的外籍人才移民制度体系、理论体系和话语体系，而不能踯躅于西方曾经的新自由主义技术移民政策范式，甚至陷入第五象限。

第一节　研究的缘起

早在晚清之际，我国在“师夷长技”的过程中便引入了一批“洋教头”，马尾等地甚至在如何妥善处理主动引进的外籍人士与本土居民之间的关系方面进行了政策探索，但由于特殊的历史背景和国际时局，动荡之中的中国始终未能基于平等主权构建一整套完整的外籍人才引进与使用政策。新中国成立之后，大规模引进苏联和东欧专家，初步形成了一整套的管理体制机制与服务体系，为后续的制度设计积累了丰富经验。真正意义上的外籍人才移民制度探索起步于改革开放初期，并时常以广义的“海外人才工作”[①]一词予以概括。1978 年 9 月,国务院批准恢复国务院外国专家局,为国务院直属机构,由外交部代管。1982 年 5 月,第五届全国人大常委会第二十三次会议决定将国务院外国专家局并入国务院办公厅。1983 年 7 月 8 日,邓小平同志发表了“利用外国智力和扩大对外开放”的讲话(“七八讲话”),从改革开放战略部署的高度明确了海外引智工作的重要地位与作用。国务院及相关部委随后发布了一系列的政策文件,推出了吸引外国专家及其他专业技术人员的诸多举措,并在国家层面进行了相应的机构调整和国家事权划分,尤其形成了独具中国特色的外国专家管理的三级行政机构设置,有效促进了我国利用外国人才和智力推动国内的经济科技发展,这也成为中国和平崛起的重要秘笈。相应地,外国人在中国永久居留(中国绿卡)的相关制度肇始于 1986 年 2 月 1 日起施行的《外国人出境入境管理法》。该法第九条规定,来中国定居的外国人应当持有定居签证。同年 12 月 27 日起施行的《外国人出境入境管理法实施细则》对上述内容予以细化。2004 年 8 月 15 日起施行的《外国人在中国永久居留审批管理办法》及 2013 年 7 月 1 日起施行的《中华人民共和国出入境管理法》是我国规范外籍人才移民管理的最主要法律依据。

---

① 改革开放以来,我国在海外引智工作中经常串用几个基本概念:外国专家、外国人才、外籍人才、国外人才、海外人才。关于外国专家,由于国家外国专家局(科技部)一直有相关的引进标准,因此,以事实上持有《外国专家证》为最终的身份认定依据,不存在太多争议;外国人才与外籍人才均强调非中国国籍,但前者更为广泛,相关人员既可能身在中国,也可能身在国外,外籍人才则不仅强调了国籍从属关系,而且通常针对在华外籍人才;国外人才多指不在中国的人才。相对而言,海外人才的概念演绎较为复杂。“海外”是中华文化意境下的特有词汇,与“四海之内”相对应。改革开放初期的海外人才主要包括三大类:一是包括外国专家在内(或者说,以外国专家为主)的外籍人才;二是出国留学人员,有时也包括海归人才;三是港澳台专才。第一类和第三类有时也统称为“境外人才”。国务院办公厅于 1984 年 11 月 15 日转发外国专家局《关于对部分从国外聘请的专家给予高薪待遇的暂行办法》的通知(国办发[1984]99 号)明确规定:本办法可适用于从台湾地区和港澳地区聘请的各类专家。近年来,随着形势的逐步改变,各地海外人才政策中很少涉及港澳台地区人才,因此,海外人才主要包括第一类和第二类。2018 年机构改革之后,尤其随着海归人才规模的持续扩大,我国对海外人才的关注重点更加聚焦于外籍人才群体。此外,少数地区及学者在探讨“技术移民政策”时涵盖了出国留学人员及海归,甚至用“技术移民”概念描述中国国内不同地域之间的人才流动现象(比如:《社会个体化视角下的上海年轻技术移民社会融入问题研究》,上海大学 2015 年度硕士学位论文),属于概念误用。

无疑，机构设置、政策安排及立法工作并举，为改革开放以来的外籍人才工作提供了制度保障。

当前，作为全球最大的新兴经济体和最具潜力的新经济增长点，中国已经逐步扭转了在国际人才市场上的长期被动（“出超”）地位。但面对立足全球整合人才资源的难得的历史契机，中国在国际层面面临的竞争压力也与日俱增。一方面，大数据、云计算、物联网、人工智能、区块链等新兴技术层层叠加、环环相扣，直接导致人才的内涵与外延发生深刻变化，虚拟集聚、短期流动、团队式引进等层出不穷，各国对人才争夺的重视程度也远超以往；另一方面，中国事实上已经成为西方尤其是美国最主要的战略竞争对手，不仅中美人才战在拜登治下迅速进入第三阶段，而且美、日、欧、澳联合对华进行“人才隔离”的隐形“瓦森纳协定”已具雏形。包括人才领域在内，中西方之争的关键在于制度之争。面对全球经济科技大环境的深刻变化及国际竞争的日趋白热化，尤其中美两国在大数据、人工智能等新兴科技领域对科技精英的激烈争夺，以及国内经济科技发展对国际人才的需求变化，我国站在了全新的历史起点上，亟须基于新时代的新态势、新机遇、新挑战和新使命，在治理体系建设的层面进行全面调整与系统转型，探索今后我国引进与管理外籍人才的战略抉择、综合立法、政策选择、体制机制安排及技术支撑，并构建政策评价系统，逐步建立外籍人才移民制度体系，而不仅仅是具体政策实施层面的修补与点缀，更不是继续对西方技术移民制度转型步伐的机械响应与盲目跟随。

党和国家高度重视我国新时代的全球人才战略设计问题。2021 年 9 月 28—29 日，中央人才工作会议明确提出深入实施新时代人才强国战略，加快建设世界重要人才中心和创新高地。将人才工作包括外籍人才工作置于前所未有的高度，充分反映了本轮科技革命的客观要求，同时反映了我国新发展阶段对创新及人才资源的内在需求。这就意味着我国不能继续停留在“主要参照传统移民国家的绿卡制度消化、学习他们的具体立法经验”[①]的层面和阶段,而是需要紧扣双循环发展新格局对人才资源的新需求,以更富前瞻性的视角分析发达国家新自由主义技术移民政策体系的经验与局限性,深入剖析我国外籍人才制度前期探索的立法进程与政策实践机理,正视我国今后的引智工作所面临的国际环境与国内需求,基于多元一体全球化的发展趋势,从第二个百年奋斗目标的历史高度正视现有引智体制机制存在的短板与瓶颈,着力破解长期存在的政策碎片化、部门化、任期化等难题,形成高度法制化、协同化、市场化、多元化和信息化的治理架构,打造“科学规范、开放包容、运行有效”的外籍人才移民制度体系,形成我国新时代的外籍人才移民制度设计的逻辑框架,实现从传统的“国际人才引进与管理”向“新时代的外籍人才移民治理”的跃升,强力应对全球人才大变局尤其是中美人才战,为中国未来立足全球集聚人才资源赢得更高的历史起点。

第二节　文献计量分析

技术移民制度是西方发达国家长期占据全球科技(科研)、教育、学术核心地位的重要抓手和成功秘笈,也是我国成为全球性大国过程中必须认真学习借鉴并尽快补齐的短板之一。自 20 世纪 80 年代以来,我国学术界对该议题的研究大致分为两个阶段:早期以海外人才研究为主,主要聚焦在政策层面,并以梳理、介绍发达国家的成功经验居多。根据国内的总发文量分析得知,最早的 2 篇以“海外人才”为题的文章出现在 1992 年[②],之后 10 年内的年均发文量不足 50 篇。自 2008 年起,该领域的发文量逐渐上升,在 2013 年达到顶点,达到 117 篇。以“技术移民”为篇名的

---

① 刘国福:《简论外国人在中国永久居留(中国绿卡)制度》,《河北法学》,2008 年第 3 期。

② 蔡平三:《争取和吸收海外人才回国服务》,《中国科技论坛》,1992 年第 4 期;俞云平:《多方安置留学人员,吸引海外人才回归——台湾吸引人才的有益经验》,《教育与职业》,1992 年第 11 期。

第1篇学术期刊论文则出现在2005年1月①,随后陆续出现相关学术论文,不仅从人才学而且从移民管理的角度研究该议题。因此,笔者以技术移民(外籍人才、海外人才、海外高层次人才、海外高科技人才)为篇名或关键词,在CNKI数据库中进行检索,时间跨度为2005年1月1日至2022年9月30日,剔除媒体报道等非研究性成果之后,合计筛选出1 160篇学术论文、学位论文以及学术著作。从累计发文量来看,国内的文献呈现缓慢增长的状态,为线性增长趋势(见图1—1)。通过CiteSpace5.8.R3对选定文献进行分析,得到作者分析、关键词分析、研究机构分析等的可视化结果,借此掌握我国学术界自2005年至今在技术移民领域的总体研究状况。

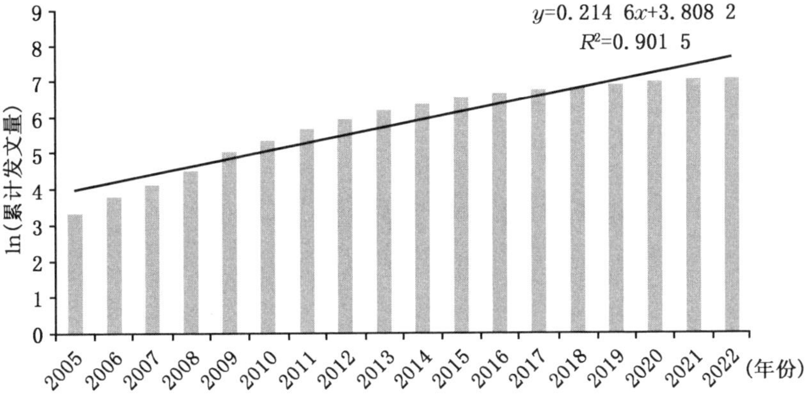

图1—1 2005—2022年度国内累计发文量(取对数)

国内合作网络图谱节点为495个,连线有161条,网络密度为0.001 3,聚类模块值$Q=0.987\ 8$,聚类平均轮廓值$S=0.359\ 1$,这说明作者之间的合作并不多,更多的是非主要研究者之间的联系和合作。主要研究者有赵志耘、杜红亮、高子平、张艳波、刘国福等。公式$m \approx 0.749\sqrt{n_{\max}}$可

① 罗宾·艾尔代尔、石松、于月芳等:《亚太地区技术移民的增长》,《思想战线》,2005年第1期。

以计算核心作者的最少论文数。其中，m 为论文篇数，n_{max} 为所统计的年限中最高产作者的论文数。发表论文数在 m 篇以上的作者称为高产作者。以第一作者为操作对象，在统计的 2005—2022 年间的 1 160 篇文献中，发文最多的是高子平，发文篇数是 16，即n_{max} 取值为 16，经计算求得 m 值为 3，即发文量在 3—16 篇的为高产作者。3—16 篇的高产作者发文量是 84 篇，约占全部论文的 7%，远低于普赖斯定律中的 50%，因此，本领域并不属于高产区，研究成果不多。尤其相对于发达国家而言，我国的技术移民研究明显处于起步阶段，远未形成较为完整的理论体系，甚至仍处于基本概念的争议、混用阶段，学理阐释类的论文尤其稀少。

经统计，其间发表 1 篇论文的作者有 915 人，占作者总数的 79%，高于洛特卡定律；而发表 3 篇文章的作者占发表 1 篇论文作者总数的 2.95%，不符合洛特卡定律，说明研究技术移民（海外人才）的作者高度分散，长期专门从事该领域研究工作的学者太少。国内机构合作网络图谱节点为 393 个，连线有 0 条，网络密度为 0，聚类模块值 $Q=0.977\ 6$，聚类平均轮廓值 $S=1$，合作研究偏少。同时，根据 CiteSpace 分析结果得知，$N=393$，$E=0$，说明一共有 393 个节点，即该领域的发文分布在 393 个机构中，但连线为 0，该研究领域的各个机构发文是分散且独立的，无高中心性机构。CiteSpace 分析结果显示，国内高被引的文献集中在上海社会科学院、《中国人才》杂志社、苏州大学以及中国科学技术信息研究所 4 个机构。

从 CiteSpace 的高频关键词、高中心性关键词、关键词聚类来看（见图 1—2），我国目前的研究热点关键词仍然是“海外人才”“人才引进”“技术移民”“外籍人才”“高校”“留学人才”等，也相继出现在高频词里，说明人才重点从专家身份逐步过渡到学生身份，越来越多的学者关注留学生（包括在华外国留学生）和高校学术型人才的引进。

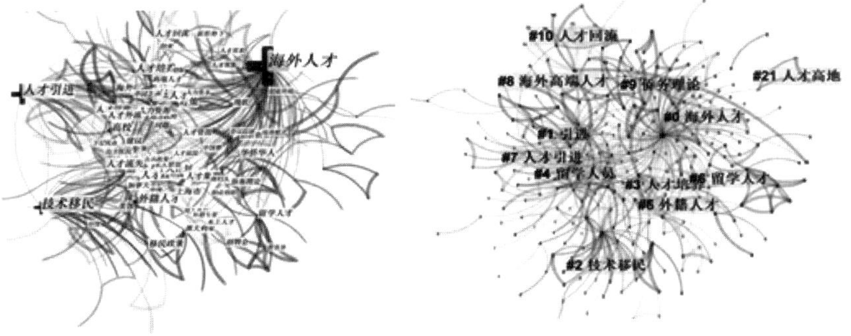

图 1—2　国内研究关键词共现和聚类图谱

第三节　逻辑框架

技术移民概念源于传统移民国家（美、加、澳、新）的早期劳务移民政策，后来被欧日发达国家和地区沿袭，是近代西方劳动力短缺（包括欧日的人口老龄化）基础上的补充性劳工政策的延伸。随着冷战后新自由主义经济全球化时代的到来，技术移民制度迅速转变为西方发达国家普遍的政策选择。当时，中国、印度、苏联地区纷纷启动市场化进程，长期滞涨的西方国家将“半全球化”成功转型为新自由主义经济全球化，大大促进了全球范围内的资源配置，包括人才资源配置。尽管面临着大规模的人才外流压力，多数发展中国家依然顺应了这一趋势，力求参与人才资源的全球配置。西方各国通过这种选择性的移民政策安排，形成了以积分制、配额制、市场测试、雇主担保、身份转换、社会融入服务等为核心的制度体系，通过延揽各国英才，强化自身在全球经济、科技、教育、学术等方面的优势地位，掌控着国际人才市场交易的主导权，甚至决定着国际人才的流向与流量。

近年来，随着新一轮科技革命和产业变革的多维推进、全球网络空间的多点传播、国际政治力量的多极化、国际行为主体的多层次化四者相互作用，人类开始进入多元一体全球化阶段。尤其在全球网络空间形成之后,各种颠覆性创新渐次纷呈,深刻改变着人类社会的生产方式、生活方式、学习方式和思维方式。全球化的动力机制及运行机理深刻改变,由于面向全球提供国际公共品的能力与意愿持续下降,西方主导的新自由主义全球化趋于落幕,人类开始进入多元一体全球化阶段,并开始重塑国际人才市场的结构、规则与角色,进而改变了国际人才的集聚指向,全球人才资源配置的方式、方向、途径、技术手段、目标定位、价值取向等均不同于新自由主义经济全球化阶段。在多元一体全球化背景下,国际人才流动的新范式开始出现,全球人才配置的新机理也开始形成。

面对全球化进程的阶段性转型诱致的全球人才大变局,西方发达国家迅速摒弃了长期推行的自由主义技术移民政策,在民粹浪潮的裹挟之下,加快了技术移民政策转型的步伐,重点聚焦高科技人才,包括外国理工科(STEM)留学生。同时,大幅度压缩移民配额,形成了事实上对劳务移民、一般技术工人、随迁家属甚至难民指标的挤压效应,长期所标榜的人权、自由流动等理念让位于更为具象的国家利益,甚至通过各种打压、防范、屏蔽措施,阻遏部分国家之间的人才流动、学术交流和科技合作。西方技术移民制度的演化进入了第五阶段。西方国家技术移民制度的转型,预示着在新自由主义经济全球化退潮之后,包括中国在内的新兴经济体需要立足于全新的国际政治经济现实,探索外籍人才移民制度。

在中国,所谓的技术移民实质上就是外籍人才移民。早在延安时期,中国共产党人便从国外吸引了一批有识之士,宣传介绍党的政治主张和抗战事业,甚至参与到中国人民的革命洪流之中。新中国成立之初,我国通过大规模引进苏联及东欧专家,形成了一整套相应的管理与服务机制,积累了一定的引智经验。改革开放以来,我国迅速做出了引进国外专家和智力、加快建设“四化”的战略抉择。尽管依然面临着大批留学人员滞留海外的问题,但总体上看,我国已经逐步扭转了长期大规模人才流失的局面,并逐步成为各类国际移民包括外籍人才的迁移目的地(IOM,2015、2017)之一。不难看出,改革开放之后的外籍人才政策呼应了中国国内经济社会发展的客观需要,同时也顺应了当时新自由主义经济全球化的浪潮，使我国深度融入了全球资源流动与配置体系，包括国际人才资源的流动与配置。

2017—2018 年，随着对在华外国人的重新分类（A 类、B 类、C 类）及管理部门的调整，尤其是外国专家局与科技部门的整合，以及国家移民管理局的成立，我国的外籍人才政策迎来了全面调整优化的历史拐点，北京、上海、广东、海南等地加快外籍人才移民（技术移民）政策试点工作，进行了区域性探索。关于外籍人才移民（技术移民）问题的研究成果和公共政策的探讨日渐增多，很多学者在外籍人才移民（技术移民）立法和制度设计方面进行了深入的学理探索，社会关注度也有所提高。从国内发展的历史方位来看，在全面建成小康社会的基础上，我国正按照中央人才工作会议精神，落实人才强国战略与创新驱动发展战略。面对第二个百年奋斗目标，中国必须正视新自由主义经济全球化进程终结的现实，立足于多元一体全球化的新趋势、新特征、新规律，以及中国在未来全球化进程中的新角色、新地位、新目标，构建以中国国家利益为中心和重心的国际人才战略体系，形成以中华民族复兴为主要背景的国际人才理论体系、规则体系和话语体系，为实现“聚天下英才而用之”的战略目标提供制度保障。因此，对多元一体全球化进程的概念梳理、学理阐释、历史镜鉴和逻辑建构是探索我国新时代外籍人才移民制度的理论基石。

重新评估西方发达国家的新自由主义技术移民制度，是我国在全新理论基础上进行制度设计的重要前提，主要包括西方发达国家技术移民制度的主要经验、主要教训及技术移民制度转型的总体趋势等。其中，传统移民国家和欧日发达国家技术移民制度的经验主要包括：一是持续调整移民结构，技术移民成为西方移民制度的内核；二是高度重视吸引外国优秀留学生，学生签证成为技术移民签证的基本类型；三是动态调整技术移民政策，适时因应国家利益需求和经济社会发展需要；四是将技术移民工作列为国家事权，建立归口式管理、部门协同的工作机制；五是以专业（行业）需求为申请基础，细化引进标准和类别；六是规范技术移民身份管理，为享受基本国民待遇提供便利；七是优化技术移民公共服务体系，促进外籍人才的社会融入。

西方技术移民实践中的某些教训或者困境也为我国后续的外籍人才移民制度设计提供了某些警示，比如，分类过细导致不同类别的技术移民标准之间交叉重叠，调整过于频繁不利于实际操作，沿袭劳务移民政策思路使技术移民制度设计的路径与目标偏离，甚至时常受制于雇主的劳务输入政策等。西方发达国家的经验、教训与最新实践是我国探索新时代外籍人才移民制度的国际参照，而瓶颈分析、需求预测与风险评估则是进行制度设计的前提条件。本书从以下七个方面剖析了我国外籍人才移民制度设计面临的主要瓶颈：一是在观念层面，“超国民待遇”的社会印象深刻，尚未形成更大规模吸引集聚外籍人才的社会共识；二是在战略层面，以往主要依据政策文件开展海外引智工作，难以形成法制化、协同化、智能化的现代人才治理体系，甚至长期面临着信息不对称、延续性不够、操作不规范等问题；三是在经验层面，对发达国家技术移民制度的认识不全面、理解不客观、借鉴不到位；四是在立法层面，现有法律文本的层级不高、部门化倾向明显，国家层面的立法工作滞后；五是在体制层面，归口式的国际移民管理格局基本明确，外国专家管理职能调整也顺应了科技—产业—人才三位一体的发展趋势，但部门协同与职能重塑工作滞后；六是在标准层面，外籍人才引进标准过于主观、模糊，与国际人才市场的对接不畅；七是在身份层面，外籍人才身份证件管理体制改革尚未启动，“多证并用”现象普遍，外籍人才的社会融入不畅。

但从国内需求的角度来看，经济科技的快速发展预示着来华外籍人才规模的持续扩大和类型更趋复杂。本著作主要从外籍人才增长率、我国经济增长率、外资增长率、国外专利增长率、移民规模增长率等不同角度出发，对 2035 年的外籍人才规模进行了测算，预计 2035 年的外籍人才将达到 160 万—200 万，结构更加复杂，亟须从实现第二个百年奋斗目标的高度出发，实现从外籍人才政策安排向中国新时代的外籍人才移民制度设计的跃升。相应地，以下六个方面对外籍人才移民进行了全面的风险评估：一是全球人才大变局使人才资源的国际争夺持续加剧，国际人才流动的安全风险进一步凸显，“美国签证敏感专业列表”及所谓的“危险国家经历审查”最具代表性；二是国家政治与战略安全维度的风险；三是就业竞争与经济安全维度的风险；四是文化认同（知）维度的风险；五是社会融入维度的风险；六是数据安全维度的风险。

中国特色的技术移民理论（外籍人才移民理论）构建必须与中华文化的历史脉络相衔接，而不能片面嫁接近代西方文化背景之下的欧盟技术移民实践。春秋战国500余年，王室衰微、诸侯征战，演绎了人类历史上最早的大规模人才流动，并深刻影响了后世中国的人才理念与人才流动思想。回溯当时的盛况并分析其局限性，可以为当代中国的外籍人才移民理论探索提供历史镜鉴，并为形成中国特色的理论建构提供历史文脉的支撑。本部分重点还原史实，剖析人才流动的内在机理，并分析其时代局限性。

外籍人才移民制度设计主要包括信息获取与遴选、入出境、居留、工作、生活、社会融入等诸多环节。人才已经成为国家的战略资源，盎格鲁一撒克逊国家集团掀起的科技战、贸易战、人才战进一步加剧了国际人才流动的安全风险。我国作为全球人才大争夺的重要参与方，需要进行系统、规范、长期的外籍人才移民制度设计，主要包括历史方位、概念界定、目标设定、基本思路层面的逻辑框架，以及综合立法、运行机制、非常规移民三个方面的政策设想。总之，我国未来的外籍人才政策安排必须向外籍人才移民制度设计跃升，通过更富前瞻性、战略性、系统性的顶层设计，在科学研判多元一体全球化大趋势的基础上，谋划全新的国际人才战略框架，并通过综合立法的形式，逐步构建中国的外籍人才移民制度体系。

第二章　西方新自由主义技术移民制度的终结

20 世纪 60 年代中期，传统移民国家（美、加、澳、新）开始实施技术人才导向的选择性移民政策，并在冷战之后形成较为系统的技术移民制度。欧日发达国家和地区在世纪之交开始参照推行技术移民制度。发达国家普遍吸引各国的优秀人才为其服务，并提供相应的居留身份和待遇，建立了全面、系统的技术移民制度体系，促使越来越多的国家参与到西方主导的新自由主义全球人才配置体系之中。近年来，信息科技革命改变了全球人才流动的内在机理及流动机制，西方发达国家纷纷通过“人才优先”“本国优先”的技术移民制度设计，力图在全球人才流动的新格局中维持优势地位。准确认识、客观评价西方新自由主义技术移民制度，可以为我国探索构建中国特色的外籍人才移民制度提供国际参照。

第一节　西方技术移民制度的形成与发展

自近代以来，西方发达国家不仅主导了历次的科学革命、技术革命及工业革命，而且形成了宗主国与殖民地半殖民地之间、工业化国家与原材料生产地及销售市场之间的人才流动格局，长期掌控着国际人才的流向与流量，占据着全球人才流动的制高点和中心地位。1924 年 5 月 26 日，针对外来移民的有增无减和国内高涨的排外主义情绪，美国国会通过了新移民法案，首次确立了限额移民体制，但同时赋予技术人才以移民优先权，初步确立了外国人以技术人才身份入境的移民法律制度，选择性移民政策开始萌生。在此之前的美国移民法要么基于种族[如 1882 年通过了

《排华法案》(Chinese Exclusion Act)；《1917 年移民法》则被称为《亚洲人禁区法》(Asiatic Barred Zone Act)]，要么基于特殊身份(如 1875 年，美国国会首次对不准进入美国的外国人进行分类，其中包括精神病患者等；《1917 年移民法》列出了许多不准入境的人群)进行选择。1952 年 5 月通过的《移民与国籍法》(《麦卡伦—华特法案》)标志着美国现代移民法的形成。该法明确规定将总限额中的 50%优先用于那些具有技术专长和突出才能的移民，而且提出了配额优先(Quota Preference)的概念，规定这些人是受过高等教育、拥有美国急需的专业技术和突出才能的移民，在国家移民配额制中建立了优先移民类别制度。

20 世纪 60—70 年代，西方技术移民制度开始成形。美国《1965 年移民和国籍法》明确设定了两种类别的技术移民，即技术专业性人才与技术劳动性人才。1967 年的《加拿大移民条例》首次创设了技术移民积分制，以应对国内劳动力市场需求和技术工人的短缺。1978 年的《新西兰移民法》和 1979 年的《澳大利亚移民法》分别确立了针对技术人才需求或由雇主聘用审批通过的技术移民制。1980 年 12 月 15 日，比利时出台《外国人权益保障法》，推出高级人才居留计划。随着冷战的终结，美国国会于 1990 年 11 月通过了《1990 年移民法》(《合法移民改革法案》)，率先取消了对技术移民的国别配额限制。作为设立类别最多、最为宽松的移民法，美国《1990 年移民法》拓宽了吸引技术人才的概念范围，每年的限额为 14 万；设立了每年 1 万名投资类移民限额；将 20 世纪 50 年代设立的 H-1 计划一分为二，设立了 H-1A 和 H-1B 签证计划。前者吸引的对象是外国的护士，而后者主要是引进具有特殊才能的人才，每年人数不超过 6.5 万。1991 年，新西兰借鉴加拿大的做法，确立了技术移民积分制。可见，前三个阶段的技术移民政策主要集中于四个传统移民国家。表 2—1 为印、中、俄三国获得申请美国 H-1B 签证的人数变化表。

表 2—1　　印、中、俄三国获得申请美国 H-1B 签证的人数变化表

国家＼年份	2007	2008	2009	2010	2011	2012	2013
印度	166 575	157 608	122 475	135 931	155 791	197 940	201 114
中国	26 370	24 434	22 411	21 119	23 227	22 528	23 924
俄罗斯	2 446	1 760	1 544	1 434	1 570	1 499	1 318
国家＼年份	2014	2015	2016	2017	2018	2019	2020
印度	227 172	269 677	300 902	247 927	309 986	313 944	319 494
中国	27 733	32 485	35 720	36 362	47 172	49 917	51 597
俄罗斯	1 323	1 275	1 154	948	1 232	993	957

进入 21 世纪以来，随着 IT 产业的兴起和互联网的全球普及，一批非传统移民国家着手设计技术移民制度。法国于 1998 年颁布的《谢弗内芒移民法》率先设立了新的引进人才的专门类别（科学家和学者），同时放宽了信息技术业人才的移民条件。2000 年 8 月，德国开始实施“绿卡计划”，对外国信息产业人才实行优惠的移民政策。2003 年 1 月，捷克政府通过了“移民政策原则”，出台了技术移民积分制（“选拔合格的外国工人”试点项目）。英国于 2003 年 4 月开始实施高技术移民计划（High Skilled Migrant Programme，HSMP）。2005 年 1 月正式出台的《德国移民法》首次承认德国为移民国家，并结束了该国无技术移民政策的历史。荷兰从 2004 年 10 月 1 日起实施高技术移民政策（KM）并于 2006 年予以完善，将工作签证和居留证二证合一。2006 年 5 月 17 日，法国议会通过了“主动选择移民”法案，提出“对高学历、高技术移民进行有选择的接纳”，核心内容被归结为“优秀人才居留证政策”。这一思路最终体现为 2007 年 8 月 26 日正式生效的萨科齐政府“有选择移民”新

法案[①]，欢迎“有用”移民，对青壮年劳动力和高技术人才大开国门，同时坚拒“非法”移民，严格审核来法移民的条件。2006 年 7 月，比利时参众两院通过了新的“移民与避难法”，对 1980 年 12 月通过的《外国人权益保障法》进行了修订，缩短移民申请程序，增加了申诉机会，大力吸引高技术移民。

2009 年 5 月 25 日，欧盟理事会批准了以引进高层次人才为主旨的“蓝卡”(Blue Card)计划。“蓝卡”有效期为 1—4 年，可以延期；持“蓝卡”者及其家属可在第一个欧盟成员国合法居住工作 18 个月后移居到另一个成员国；欧盟各成员国在两年之内将“蓝卡”计划纳入本国的法律体系。[②] 日本文部省于 2008 年 7 月提出“接收 30 万留学生计划”之后，于 2009 年 1 月正式推出了“国际高端人才引进计划”。2015 年 3 月，丹麦提出简化移民丹麦的绿卡选择，以吸引高质量的人才，鼓励欧洲之外的国际博士和硕士生毕业后留在丹麦。高质量的外国人才将收到一个“个人编号”，使其能更加便捷地在丹麦定居、开设银行账户，并平等地获得丹麦医疗卫生和其他福利服务。

总体来看，以美国于 1990 年 11 月通过的《1990 年移民法》(《合法移民改革法案》)为标志，在冷战终结以及“新经济”(IT 产业)的驱动下，西方发达国家普遍建立了技术移民制度体系，主要包括两大类：一是传统移民国家；二是欧日发达国家。尽管竭力延揽本国所需的人才资源，但各国总体遵循了新自由主义的价值理念，大力宣扬全球人才资源配置中的自由、人权、人道主义原则，不仅形成了西方主导的新自由主义全球人才配置机制，主导着经济全球化进程中的国际人才市场交

① 需要注意的是，法国作为世界上最早进入老龄化社会的国家，早在 2007 年就明确进行了限制性移民政策设计，尤其对非洲和马格里布的穆斯林采取了严厉的限制措施，但这只是反映了本国内部日趋激烈的反移民倾向，以及萨科齐本人及其执政团队的移民立场，并未对欧洲乃至整个西方的技术移民政策发挥引领作用。事实上，早在 2003 年，时任内政部长的萨科齐就曾大规模遣返移民。

② Council of European Union，“Council Adopts the ‘EU Blue Card’: More Advantages for High-Skilled Foreign Workers”, 10266/09 (Presse 151), Brussels, 25 May, 2009, http://www.consilium.europa.eu/uedocs/cms_data/.

易，而且在全球人才流动中抢占了道德高地和话语权。这一局面一直持续到 2007—2009 年。

第二节　新自由主义全球人才流动的内在机理

自 20 世纪 70 年代以来，为了应对国家垄断资本主义阶段的滞涨危机，以自由放任为核心的新自由主义取代凯恩斯主义，成为西方国家的主流意识形态。新自由主义赋予市场以最高的地位，主张市场化、自由化、私有化，反对政府干预、公共服务和社会福利。以英美为代表的发达国家试图将新自由主义政治经济实践推广到全球，要求拆除一切阻碍资本自由运动的壁垒，开放国际商品和资本市场，使商品和资本在各个部门、地区和国家之间自由流动。[①] 这一切首先发生在铁幕以西，北美、西欧、日韩、澳新之间的人才流动更趋频密，并突出表现在大批跨国公司的跨境投资与投机、西方国家之间的留学潮等方面。相应地，从 20 世纪 70 年代末开始，加拿大、新西兰、澳大利亚、比利时、荷兰等国开始了新一轮的技术移民政策探索，并成为 10 年之后更大范围内的西方技术移民政策推广与拓展浪潮的先兆。

同时，尽管冷战正酣，包括中国大陆在内，亚洲一大批国家和地区相对较早地加入了美国主导的新自由主义进程，并通过出国留学与人才引进（包括吸引出国留学人员和外国专家），较早地融入了全球人才大循环。因此，从 20 世纪 70 年代起，无论是绝对数量，还是其占美国外来技术移民的比例，亚洲都是美国技术移民的首要来源，甚至印度人才外流的主要

① 李罗力：《经济全球化迈进 3.0 新时代》，《全球化》，2022 年第 1 期。

去向也从前宗主国英国迅速转至美国。[①] 大批技术移民流向美国，既是亚洲各国人口流动的组成部分，也是亚洲国家和地区参与经济全球化进程的一种体现。[②] 70—80 年代的国际人才流向变化不仅为西方阵营内部的“半全球化”输入了可观的智力资本，也为相关国家和地区在冷战结束之后全面融入新自由主义全球人才流动奠定了基础。

东欧剧变、苏联解体使冷战和平落幕，西方主导的“半全球化”扩至全球。1991—1992 年间，东方世界最大的三个经济体（苏联、中国大陆、印度）相继正式宣布从计划、半计划经济向市场经济体制转轨，全面启动市场化改革，包括人才资源的市场化配置及留学政策的逐步开放，最具代表性的就是 1992 年中国出国留学工作方针的确定：支持留学、鼓励回国、来

① 第二次世界大战结束之后，随着殖民体系的持续瓦解，前宗主国英国与广大殖民地之间的移民网络的性质发生了变化，英联邦移民大规模涌入英国，在很大程度上重塑了英国社会的面貌（Francesca Carnevali and Julie Marie Strange, eds., *Twentieth Century Britain: Economic, Cultural and Social Change*, London and New York: Routledge, 2007, p. 247）。1948 年 6 月 22 日，“帝国顺丰号”（Empire Windrush）搭载 492 名西印度群岛人从牙买加的金士顿出发，前往英国的蒂尔伯里港，由此揭开了英联邦国家与地区居民大规模移民英国的序幕（David Steel, *No Entry: The Background and Implications of the Commonwealth Immigrants Act* 1968, London: C. Hurst & Co., 1969, p. 16）。自 20 世纪 50 年代中期起，以印度人和巴基斯坦人为主体的南亚裔移民也跻身其中，引发了英国战后第三次移民潮（Sheila Patterson, Immigration and Race Relations in Britain 1960—1967, pp. 1—5）。1956—1963 年间，共有 1 380 785 名来自海外的移民进入英国的劳动力市场，其中大约 43%的移民劳动力来自英联邦国家和地区（R. B. Davison, *Black British: Immigrants to England*, London: Oxford University Press, 1966, p. 66）。但是，英国当局面临着继续维护在前殖民地的殖民利益与维护主权国家的劳动力市场稳定、民族国家经济利益的两难选择，尤其在对待非洲印度裔居民流向问题上，与印度政府产生了较大分歧，相互推卸历史责任。《1962 年英联邦移民法》是一个重要历史拐点，彻底抛弃了《1948 年英国国籍法》（British Nationality Act 1948）关于“英国及其殖民地公民”和“独立英联邦国家公民”都能以英国公民的身份自由移民英国的承诺，事实上放弃了丘吉尔后期基于“三环外交”的英联邦理想主义，表明了英国当局对于前殖民地移民的实用主义立场。威尔逊政府（1964—1970 年）提出的“限制—融合”（Restriction-integration）移民政策（《1965 年种族关系法》与《Immigration from the Commonwealth》）旨在通过控制移民的入境人数，使其数量不超出英国社会的接纳能力（于明波：《从“自由移居”到“限制—融合”——试析英国威尔逊政府移民政策的形成》，《史学集刊》2021 年第 4 期），最终导致各地印度人包括非洲印度裔跨国流动的目的地逐步从英国变成美国，不仅大批医生、护士，而且越来越多的电子信息专业的毕业生开始将美国作为移民目的地。

② 梁茂信：《全球化视野下亚洲科技人才移民美国的历史透视》，《史学月刊》，2015 年第 3 期。

去自由。几乎与此同时,西方国家进行了新一轮的技术移民政策调整,其中,最具标志性的事件就是1990年11月美国移民法(《合法移民改革方案》)的出台。在"新经济"浪潮的驱动下,法国(1998年)、德国(2000年)、英国(2003年)、捷克(2003年)、荷兰(2006年)、日本(2008年)等非移民国家纷纷出台技术移民政策,面向高科技人才推出"绿卡",并推动本国留学产业的快速发展。在欧日非移民国家中,德国技术移民政策的出台最具代表性,即面向IT等新兴产业。

同时,作为新自由主义经济全球化的最主要载体,西方的跨国公司纷纷在东道国实施"人才本土化"策略,就地参与人才市场配置。跨国公司通过在当地设立培训中心、成立研究院、开展校园招聘甚至面向在校学生设立各种奖学金、与高校合作开展定制式培养、增设实习基地等途径,实现由东道国人才对母公司外派人员的替代,从而减少文化差异造成的矛盾与冲突,降低人工成本,突出跨国公司的国际化形象,并提高经营管理队伍的稳定性。据统计,2004年在"三资"企业工作的中国人已经达到1 500万,其中,近200万人从事管理和技术工作。这也有利于东道国促进人才市场的发育,激活竞争机制,利用知识—技术溢出效应培养造就一批具有国际视野的高层次人才,提高当地的技术和研发水平。但是,西方跨国公司与东道国之间的人才配置机制一旦形成,母公司的所属国也就成为非常尴尬的角色。

相应地,西方国际猎头和国际职业资格也尾随跨国公司入驻东道国,拓展国际人才业务。1992年,一家新加坡公司在我国沈阳成立了"维用猎头服务部",被视为中国猎头行业的萌芽;1993年,北京泰来猎头咨询事务所成立。中国加入WTO之后,按照服务贸易条款,谨慎宣布开放国际人力资源市场,大批国际知名的猎头公司涌入,并掀起了并购中国本土猎头的浪潮,中国人才热线、中华英才网、上海人才、智联招聘等20多家本土知名猎头被并购。相应地,发展中国家也开始涌现一批国际知名的猎头公司,如印度的跨国猎头公司MaFoi等。引进国际职业资格是吸引外资企业的重要途径,也是培养本土的国际化人才的重要抓手。在中国国际人才交流基金会于 1999 年将项目管理专业人士(PMP®)认证引进中国之后,PMP®认证报考和持证人数连年增长。截至 2018 年底,全国累计报考人数超过 48 万人次,有效持证人数超过全球 PMP®持证总量的 1/3。PMP®认证与中国经济的国际化步伐同频共振,大批 PMP®人才活跃在中国重大项目的核心管理岗位上。表 2—2 为中国大陆报考 PMP®人次统计情况。

表 2—2　　中国大陆报考 PMP®人次统计

年　份	季　度				累计(人次)	增量指数(%)
	Q1	Q2	Q3	Q4		
2000					316	100
2001					735	233
2002	407	450	468	840	2 165	295
2003	1 096	841	1 016	1 026	3 980	184
2004	190	942	1 614	1 863	4 608	116
2005	1 087	1 283	2 823	807	6 000	130
2006	768	2 235	2 651	2 369	8 024	134
2007	1 796	2 140	2 926	2 435	9 297	116
2008	2 981	3 383	3 842	3 894	14 100	152
2009	3 081	4 983	3 232	3 595	14 891	106
2010	3 534	3 901	4 120	4 880	16 435	110
2011	3 923	7 521	5 593	5 414	22 451	137
2012	5 432	8 560	8 675	7 707	30 374	135
2013	7 859	13 093	6 616	8 687	36 255	119
2014	7 769	10 188	9 956	9 651	37 564	104
2015	8 442	10 157	11 830	11 668	42 097	112
2016	8 088	12 429	12 056	15 056	47 629	113
2017	12 850	18 620	18 956	27 664	78 090	164
2018	28 990	21 508	26 018	29 545	106 061	136
合　计	98 293	122 235	122 391	137 102	481 072	

数据来源:《中国项目管理二十年发展报告(1999—2019)》。

在西方国家进一步开放技术移民政策和外国留学生政策、中印俄等国家逐步取消出国留学限制并鼓励跨国公司入驻的背景下，面向全球的人才配置格局逐步成型，绝大多数经济体都不同程度地参与了这一市场配置过程。这是近代以来形成的第一个完整意义上的国际人才市场。国际人才市场交易与国际贸易、国际金融、国际投资等共同构成了经济全球化的基本运行维度，包括中国、印度、俄罗斯在内的大批新兴经济体成为国际人才市场交易的重要参与方。全球范围内的人才市场交易成为常态，这是新自由主义经济全球化的重要微观基础，也是各国面向全球争夺人才资源的重要前提。正是在国际人才市场逐步形成的过程中，全球人才大争夺渐趋白热化，不仅欧日发达国家和地区纷纷出台技术移民政策，一批新兴经济体和发展中国家也积极采取措施，甚至不惜借助于超国民待遇、非正式移民网络、血缘(族裔)纽带等吸引外籍人才。但与国内人才市场不同，新自由主义全球化背景下的国际人才市场具有以下几点特征：

第一，信息不对称。由于跨越主权边界，在各国发展阶段、教育制度、就业形势、出入境政策等千差万别的前提下，无论是需求方的信息披露，还是供给方的信息提供，均面临诸多的不确定性、不完整性甚至不连续性。供需双方的信息不对称增加了人才跨国流动的成本与风险，以至于熟人介绍等非正式关系网络在国际人才市场交易中长期占据了重要位置。本团队于 2019 年面向 20 619 名上海市新进“海归”的调查结果显示，18.62%“经过国内的亲戚、朋友介绍”，4.48%“经过国内的老师、同学介绍”，其他熟人途径占 14.97%，合计占比高达 38.07%。可见，信息不对称明显降低了通过市场化途径获取猎聘信息的比例，跨国人才流动的市场化率相对偏低。

第二，供需不均衡。与国内人才市场不同，供给方基于供给地的人才供给形势发出供给信息，需求方基于需求地的人才需求形势发出需求信息，供求双方对对方所在地的人才市场供需行情掌握不充分，以至于对薪酬标准、生活待遇等的预期时常出现偏差。正由于人才供给方与人才需求方并不属于同一个单一市场，供需错位决定了国际人才市场的不均衡，在发展阶段不同的国家之间尤为突出。不仅如此，越来越多的国家卷入全球人才大争夺之中，越来越多的"看得见的手"介入国际人才市场交易，以至于通过市场调节逐步实现供需均衡的机制失灵。或者说，国际人才市场机制通常处于扭曲状态，无法依据供需变化进行相应的价格调节，更无法依据国际人才市场交易行情改变供需规模。其中，内部市场高度对接的国家（如欧盟各成员国之间）除外。

第三，政府介入及政治因素影响较大。国际人才流动属于跨国行为，国际人才市场交易属于国际贸易活动，国家间的人才流动不是单一主权市场内部的人才资源配置，而是因涉国家间关系及整个国际情势，各种政治、经济、文化、外交因素均可成为直接干扰国际人才市场交易的关键变量。在经济全球化背景下，人才资源成为国家间竞争的重要标的，主权国家的介入包括各国引智政策的出台，使政府成为国际人才市场交易的重要参与方。换言之，国际人才市场交易的主体不仅仅是供需双方，还涉及第三方即政府。同时，国家间关系直接影响出入境政策及对对方国家经济科技发展战略的研判，从而采取必要的干扰或者促进措施，比如，菲律宾鼓励本国海员为他国服务，美国通过发动中美人才战阻遏两国间的科技合作与人才流动，欧盟于 2008 年通过的"蓝卡"居留证计划则分别获得了一部分成员国议会的批准，新加坡针对高层次人才长期实施高薪和优厚待遇计划，我国香港地区的"优才计划"也有类似举措。归根到底，技术移民政策属于政府干预行为。

第四，非正式关系网络扮演了重要角色。一方面，包括中国、印度、韩国、俄罗斯、以色列、爱尔兰、德国、土耳其、越南、菲律宾、哈萨克斯坦、亚美尼亚等国在内，一大批海外族裔规模庞大的国家借助于血缘、文化等精神纽带，出台了专门针对海外族裔的政策举措，比如，中国的海外华人人才政策、印度的海外印度裔卡（PIO 卡）与国家风险基金、俄国的"海外同胞归国计划"（*О мерах по оказанию содействия добровольному переселению в Российскую Федерацию соотечественников, проживающих за рубежом*）等，韩国、越南、印度尼西亚等甚至适当放宽了国籍政策；另一方面，前宗主国与原殖民地之间的经济文化联系进一步增强,成为双方拓展国际人才市场、整合国际人才资源的重要途径。除海地之外的南美洲均曾属西葡两国的殖民地,意大利则曾长期深耕非洲北部、东北部。冷战结束之后,西班牙、葡萄牙成为拉美地区各类人才(甚至包括足球等体育类人才)与欧洲共同体(欧盟)大市场之间的重要跳板,意大利成为非洲北部移民跨海进入欧洲的主要渡口。上述三国通过双边条约的形式,与原殖民地国家形成了互认双重国籍的一系列协议,最典型的是多米尼加的"经济公民身份计划"(1991 年)、巴西的"人才签证"移民计划(2002 年),以及哥斯达黎加(1995 年)、巴西(1995 年)、墨西哥(1998 年)、委内瑞拉(1999 年)等国的双重国籍政策。智利、玻利维亚等国均明文规定:只与西班牙互认双重国籍。

经济全球化的一个重要结果是市场的全球化,包括人才资源的全球市场化配置。在贸易自由化、资本全球化和生产研发跨国化趋势的推动下,人才的国际交流与流动加速,人才全球化成为经济全球化的重要维度,发达国家的留学产业及遍布全球的跨国公司则为人才国际化提供了主要渠道。尤其随着互联网的兴起,跨国求职成本降低、远程办公成为可能,大大加快了人才国际流动的步伐,各国涌现出越来越多富于全球视野和国际交往能力的国际化人才,大批新兴经济体和发展中国家出台了形形色色的引才引智政策举措,"飞人""海鸥""跨国办公""国际公民"等新词层出不穷,甚至出现了建立"世界人才组织"(人才 WTO)[①]的倡议。但如前所述,冷战终结之后一段时间的全球化浪潮是英美主导的新自由主义在全球的扩张过程,与国际金融、国际贸易、国际投资的西方主导的特性相同,国际人才市场也是失衡的、不平等的,具有中心—半边缘—边缘结构的世界体系[②]的所有基本特性,因此,本质上是不可持续的。

---

① 王辉耀:《建立国际人才组织,引导未来人才流动》,《中国青年报》,2016 年 3 月 29 日。

② 伊曼纽尔·沃勒斯坦:《现代世界体系》(第一卷),高等教育出版社 1998 年版,第 460—465 页。

第三节　西方新自由主义技术移民制度的主要经验

西方技术移民制度主要包括技术移民政策、技术移民主管部门、技术移民的评估、技术移民的权利与义务、技术移民的相关法律制度。[①] 经过不断地调整、优化、完善之后，西方新自由主义技术移民制度的各个环节相辅相成，共同发挥作用，总体上提升了发达国家在国际人才竞争中的比较优势，客观上大大缓解了发达国家的人才短缺压力，使其在国际竞争中获得了更多的创新潜能和学术成果。

一、持续调整移民结构，技术移民成为西方移民制度的内核

(一)技术移民制度在传统移民国家移民体系中的地位提升

美国、加拿大、澳大利亚、新西兰是地理大发现之后的殖民化产物。四个国家的立国、建国过程就是移民的过程，是在极小规模原住民基础上的强行移民，通过开展拓殖活动，建立起近代国家。因此，在传统历史文化干扰较小的前提下，移民制度就是上述国家的基本制度。但如前所述，传统工业经济发展所需的资源禀赋主要包括自然资源、劳动力、物质资本等，早期的移民制度与技术移民并无太大关系。在工业体系基本形成之后，工业产品和服务质量的提升需要更多地依靠技术，从而谋求超额利润；知识、技术在经济增长中的作用才逐渐显露。1894 年，美国经济总量超过英国(购买力平价)，1918 年超过整个欧洲。1924 年 5 月，美国正式出台了移民法案(《约翰逊一里德法案》)，决定基于 1890 年的人口普查确立限额移民体制，但同时赋予技术人才以移民优先权；1952 年的《移民与国籍法》直接将全部移民限额的 50%用于美国急需的、有突出才能的各类外国专业人才；《1965 年移民和国籍法修正案》进一步废除了种族配额限制；1990 年的《家庭团聚与就业机会移民法》在原有基础上增加了技术

① 王世洲:《我国技术移民法核心制度的建立与完善》,《中外法学》,2016 年第 6 期。

类移民的类型。2019 年 5 月 16 日，特朗普政府公布了新移民改革方案，移民总额从每年近 100 万减至约 50 万，主要是亲属移民、难民、庇护绿卡和抽签移民等移民配额大幅降低。不难看出，技术移民的地位和占比持续上升，直接或者间接地压缩了亲属移民、劳工移民、难民等的配额。表 2—3 为美国技术移民的基本类型及标准。

表 2—3　　　　　　　　美国技术移民的基本类型及标准

类　别	界　定	申请条件	配　额	申请限制
杰出人才（EB-1）	取得杰出成就的顶尖人才、教授或研究型学者、跨国公司主管或经理	全世界科学、艺术、教育、商业、体育等各领域取得杰出成就的顶尖人才。杰出人才的标准为：(1)获得过国际或国内重要的专业奖项；(2)是本专业协会的重要成员，资格经过国际知名专家评定；(3)研究成果得到过重要报纸、杂志报道或介绍；(4)曾经评审过本专业或相关专业的学术作品（如带博士生、参加博士论文答辩等）；(5)对其从事的专业领域有重要贡献；(6)在本专业重要杂志上发表过文章或出版过著作；(7)艺术作品、专业设计作品参加过国际大展；(8)在重要项目或工程中起过领导或关键作用；(9)工资或报酬在同类人员中较高；(10)在表演艺术方面取得商业性的成功。	40 040	一直有名额，不必等待排期，免工作证
优秀人才（EB-2）	硕士及以上学历的优秀人才或特殊人才，包括国家利益豁免和工作证移民	优秀人才的标准：(1)拥有其所学专业的学历、毕业证和各种专业奖项等相关教育证明；(2)所在专业领域的 10 年以上的从业经历；(3)拥有所在专业领域的从业资格证；(4)可以提供证明其专业能力的工资或报酬证明；(5)各种专业协会的会员证明；(6)来自其所在领域的专家、政府机构和专业协会对其专业能力的认可证明；(7)其他专业能力的证明。 其中，国家利益豁免者须符合以下条件：(1)必须有硕士或以上的高等学历；(2)所从事的工作具有深远的内在意义，对美国国家利益有利；(3)作出的贡献会在全国范围内产生影响，必须证明其研究成果一旦运用到美国社会，将在全国范围而非仅在某些州产生影响；(4)在同行业中，申请人所做的成果和贡献要超越同类研究人员。	40 040	雇主申请和工作证（除国家利益豁免者）

续表

类 别	界 定	申请条件	配 额	申请限制
专业人才（EB-3）	本科以上学历的专业人才、富有经验的技能人才	技术工人：(1)两年的从业经历或专业培训；(2)所申请的岗位必须没有美国公民申请和胜任。 专业人士：(1)所在专业领域的学士学位；(2)所申请的岗位必须没有美国公民申请和胜任；(3)学历学习以外的专业培训教育。	40 040	雇主申请和工作证
特殊人士（EB-4）	宗教人士、前政府工作人员、国际组织雇员		9 940	免工作证
投资者（EB-5）	1990 年 11 月之后投资成立的公司；再投资额达 40% 以上的公司（1990 年 11 月以前成立）	投资 100 万美元以上（投资高科技领域或偏远地区的最低额度为 50 万美元①）；为美国公民创造 10 个工作岗位	9 940	免工作证，无“移民监”，审批快

《1958 年移民法案》开创了澳大利亚技术移民历史的先河。惠特拉姆政府 1972 年上台执政后，实行了结构化选择评估体制（Structured Selection Assessment System）。1979 年，弗雷泽政府开始采用一种更加细化的、被称为量化多因素评估体制（Numerical Multi-factor Assessment System）的积分制，试图更多地强调移民的技术水平，给予高技术和高学历者一定的积分。1982 年，量化多因素评估体制被移民评估体制（Migrant Assessment System）所取代。这种体制给予申请者的技术以更多的积分，从而导致大量技术型移民涌入澳大利亚。1996 年，霍华德联合政府上台执政后，果断地将澳大利亚移民计划的天平偏向技术型移民一端。1999 年 7 月 1 日，澳大利亚移民法修正后，新的技术移民类别主要包括以下三大类，即独立技术移民、澳大利亚担保技术移民和匹配技能移民，移民选择积分制中的非经济因素在很大程度上消退。② 从 2001 年 2 月 1 日起，澳大利亚政府进一步推出了优先审理方案，旨在加快引进

① 美国国土安全部部长 Alejandro Mayorkas 于 2021 年 2 月确认，将 EB—5 项目（投资移民项目）的最低投资额度从 50 万美元提高到 90 万美元。

② James Jupp, *From White Australia to Woomera: The Story of Australian Immigration*, New York: Cambridge University Press, 2002, p. 37.

澳大利亚发展所需的紧缺人才。自 2007 年 9 月 1 日修改移民法后,澳大利亚技术移民类别主要包括以下三大类,即一般类技术移民(General Skilled Migration,GSM)、雇主担保类技术移民(Employer Sponsored Migration)以及商业移民(Business Skill Migration)。

积分制是加拿大接收合法移民的主要方式。加拿大从 1967 年起实行计分移民政策,将申请者的个人条件依照教育、语言、工作经验、年龄、个人适应能力、就业安排、亲属因素等项目进行打分。达到合格分后,分数越高者,被批准入境的机会越大。2002 年 6 月 28 日颁布的《移民及难民保护法》提高了对申请者的教育、语言和工作经验的得分门槛,即申请者的学历越高、语言能力越强、工作经验越丰富,得分就越高。

(二)欧日发达国家和地区的技术移民制度迅速形成

相对于上述四个传统移民国家而言,欧日发达国家和地区不存在吸纳大规模的劳动力和人口的历史任务,也就基本不存在从人口移民政策向技术移民政策转换的问题。因此,这些国家普遍是在进入 21 世纪以来,随着 IT 产业的兴起,为了适应经济科技转型发展而加大了人才吸引的力度,并通过技术移民立法的形式,重点吸纳 IT 等科技人才。其中,德国最为突出,成效也最为显著。德国 2000 年实施的信息技术领域的绿卡政策——《电脑人才签证条例》是德国开始重视技术移民的重要表现。2000 年 2 月,德国时任总理施罗德宣布放开 IT 专业外籍高级人才引进限制,允许从非欧盟国家引进德国本土紧缺的人才,参照美国模式发放绿卡。2000 年 7 月,德国政府宣布仿效美国的绿卡政策,全面实施绿卡计划。为此,德国劳工部颁布了《IT 专业外籍高级人才工作许可发放条例》。为适应德国的移民社会状况,酝酿多年的《移民法》于 2005 年 1 月 1 日正式生效,后分别在 2005 年、2007 年、2009 年和 2011 年对部分条款进行了修订,旨在广招天下人才。为了促进接收外国高级人才,日本于 2014 年 6 月 11 日通过并颁布了部分修正后的《出入国管理及难民认定法》(2014 年 6 月 18 日第 74 号法),设立了在留资格“高度专门职(1 号)”和在留资格“高度专门职(2 号)”(自 2015 年 4 月 1 日起生效)。

新加坡的工作签证有S准证、EP准证、PEP准证、TEP准证家属签证/工作批准信、杂工工作准证等16种（见表2—4）。新加坡的工作准证签发政策是需求导向与供给导向结合而成的工作许可政策。一方面，由于自身人口资源老龄化所造成的对包括中低端劳动力（如中级技术人员与低技能外来劳工）在内的外来人力资源的需求，以及面向知识经济的产业结构转型所带来的对高端人才的迫切需求，促使新加坡政府逐渐放开对外来人口的控制；另一方面，外来劳动力对本地人口就业所造成的压力，又迫使新加坡必须对外来劳动力的质量进行严格把关。在此境况下，新加坡政府在派发工作签证与核准永久居民身份上做了严格区分，对不同类型的外来人员提出不同的要求、给予不同的待遇，从而达到在满足市场需求的同时有针对性地吸收海外高端人才。经过疫情防控，新加坡进一步加大了外籍人才的引进力度，在外国学生入境等方面采取了一系列特殊措施，进一步放宽了引进标准和范围，于2022年8月29日正式出台了针对外籍人士的5年期工作签证“顶级专才准证”（Overseas Networks & Expertise Pass，ONE Pass），力求在全球经济增长放缓、人才竞争加剧、疫情延续等诸多变局叠加的背景下寻得先机。

表2—4　　　　新加坡工作签证主要类别

类　型	要　求	期限	适合人群	待　遇	程　序
S准证（Mid-level skilled staff work pass）	固定月薪在2 200新元（具体金额会依需要进行调整）以上的非公民中级技术人员；通常情况下需要学位或文凭资质。	最多2年	非公民中的中级技术人员	公司需要为他们雇佣的每位S准证持有者缴纳外籍员工税（Foreign Worker levy）。公司必须在S准证发放后3个月内通过银行直接转账向S准证持有者支付工资。	公司为符合条件的员工申请，可以通过EP Online进行在线申请，也可以提交书面申请。

续表

类型		要求		期限	适合人群	待遇	程序
EP准证(Professionals, Managers, and Executives Employment Pass)	P1	申请者最低月薪为8 000新元(具体金额会依需要进行调整)。	新加坡当地的一个保证人通常就是雇主;通过就业、S准证自我评估测试的申请者才有申请EP准证资格。	首次2年,再次办理时可延至3年	P1和P2准证的持有者可以为其同居配偶、21岁以上的残疾子女、21岁以下的继子女申请长期访问准证,P1准证持有者还可以为其父母申请长期访问准证。	EP准证申请者既可以通过PEP Online进行在线申请,也可以提交书面申请。	
	P2	申请者月薪在4 500到8 000新元(具体金额会依需要进行调整)之间,且具有被认可的资格。					
	Q1	申请者最低月薪为3 000新元,且具有被认可的资格。					
PEP准证(Personalized Employment Pass)		年薪为34 000到144 000新元(具体金额会依需要进行调整);固定月薪在12 000新元(具体金额会依需要进行调整)以上的P1准证持有者;固定月薪在18 000新元(具体金额会依需要进行调整)以上的现居海外的外国专业人士		3年	非公民中商业成功人士或高技能人才	PEP准证的持有者在更换工作时可以在新加坡逗留6个月以寻找新的工作机会,而不需要重新申请新的准证。但是,PEP准证持有者需要将其就业状态告知人力部;PEP准证持有者可以带自己父母、配偶、子女到新加坡。	PEP准证申请者既可以通过PEP Online进行在线申请,也可以提交书面申请。
TEP准证(Training Employment Pass)		在新加坡接受本科培训,且该培训是申请人在被认可的教育机构进行的学位课程的一部分;国外公司或子公司的内部培训生在新加坡接受专业技术或行政培训的,申请人的最低固定月薪必须在3 000新元(具体金额会依需要进行调整)以上,且具有可接受的大专院校或专业资格。		最多3个月	在新加坡接受专业技术、管理、行政或特殊工作实践培训的非公民。		TEP准证申请者既可以通过TEP Online进行在线申请,也可以提交书面申请。

韩国的 E7 签证是一种特殊人才签证，属于工作签证的一种，是使馆根据与韩国国内机构签署的合同，从事法务部长官为提高地区竞争力而指定的特别需要引进的，具备专业知识、技术或技能的外国人才而开发的一种工作签证。韩国对外籍员工的资质要求包括：一是拥有与职位相关的硕士学位；二是在与所介绍的工作相关的领域拥有学士学位，并具有 1 年以上的该领域经验；三是 5 年或以上与所介绍职业相关的工作经验。此外，特殊要求包括：一是在全球 500 强企业中拥有 1 年或以上的专业工作经验；二是毕业于世界一流大学且持有学士学位（全球 QS500 强大学）；三是在韩国职业学校毕业的人在相关行业中工作不限职业要求；四是韩国国内大学毕业且获得学士学位不受职业要求的限制；五是取得工读联系研究资格的人免于适用国家就业率；六是 KOTRA、中小企业协会推荐的尖端科学技术杰出人才；七是部委推荐的具有专业能力的优秀人才；如果年薪是国民人均收入的 1.5 倍，且由中央行政管理部门推荐，则可免除学历要求；八是高收入专业人才：如果年薪是人均国民收入的 3 倍，则无论工作类型，均可免除学历与工作经验要求；九是优秀的私立机构培训结业。雇主资质要求则包括：一是原则上本国雇员少于 5 人的公司和面向国内的公司是有限的（需要按照职位类型进行确认）；二是限制外国人的就业率，原则上不超过 20%；三是必须符合最低工资要求；四是不存在拖欠税款记录。表 2—5 为韩国 E7 签证的分类与就业类型。

表 2—5　　韩国 E7 签证的分类与就业类型

签　证	分　类	职　业
E7—1	专业人力	管理人员和专家
E7—2	准专业人力	办公室和服务人员（9 个职业）
E7—3	一般技术人员	工匠及相关技术工人（6 个职业）
E7—4	熟练的技术人员	E9 职业（3 个职业）
E7—91	自由贸易区独立专家	

总体来看，传统移民国家的技术移民政策源于劳动力移民政策，而欧

日发达国家和地区的技术移民政策则主要为了应对新自由主义全球化背景下的IT发展,因此,德国绿卡被直接称为IT绿卡,日本等国也推出了IT工作签证。正是冷战终结之后的全球总体和平环境,为国际人才流动提供了契机,也为发达国家面向全球延揽外国人才创造了前所未有的条件,以至于技术移民政策迅速超越了亲属移民、难民等,普遍成为西方国家移民政策的核心要义,这也成为西方国家全力支持国际人才自由配置的主要动力。

二、高度重视吸引外国优秀留学生,留学生签证成为技术移民签证的基本类型

留学生签证是美国政府针对赴美学习的外国留学生专门设定的一种签证类别,其主要目的在于吸引具有专业技能的外国留学生毕业后在美工作和定居,是美国抢夺海外人才的一种重要途径和方式。美国的学生签证主要包括F、M和J三类。对学生签证进行细分有助于根据不同类别的留学生设定不同的入境条件,更有效率地管理留学生签证。美国不仅对留学生群体进行细分,而且将留学生的学习和工作相结合,创造留学生成才和留下的环境,为美国储备人才。留学生在读期间可以有条件地工作,毕业后可以申请一年期的工作许可,用于毕业后的工作实习。根据美国最新的移民改革法案,优先录用“高技能人才”,其中,杰出学生(Exceptional Students)将被允许在美国高校就读期间提出移民申请。

2001年,澳大利亚创设留学生独立技术移民签证,2007年进行了修改,确立了毕业生技术移民签证,允许留学生毕业后在当地递交技术移民申请,若申请人已经提出职业评估申请,则可以免除申请技术移民前具有一定工作经验的要求。此外,要求申请人在申请前6个月在澳境内全职学习2年以上并且获得高等学历、学位。毕业生技术移民签证授予持有人工作权和学习权,有效期为18个月,申请人一旦满足技术移民条件,就可以在持有此签证的任何时间提出申请。同时,留学生毕业后申请技术移民,还可以享受技术移民积分评估时的倾斜性政策。

日本将留住优秀的留学生作为引进海外人才的策略之一。1983 年，日本中曾根内阁提出到 21 世纪“招收 10 万留学生计划”。1989 年，入管法修订，“研修”也作为新的独立的签证类型之一得到承认。同时，日本政府推出了追加解释：在原有的“企业单独型”的基础上增加了“团体监理型”接收方式，日本的中小企业也能据此接收海外的研修生，这也成为 20 世纪 90 年代初扩大接收“外国人技能实习生”的起点。1991 年，日本厚生省、法务省、外务省和企业组织成立了“日本国际培训合作组织”(Japan International Training Cooperation Organization，JITCO)，也叫“国际研修协力机构”，全面指导外国研修生接收工作，为企业提供招收培训人员的信息咨询服务。1993 年，研修生制度在此基础上进一步得到扩展。日本政府以内阁告示的形式出台新的政策：为期 1 年的研修结束后，可作为“劳动者”继续在进行研修的企业实习(签证类型属于“特定活动”类)，即所谓的“技能实习”。同时，日本对大学课程进行了调整和更新，确定了新的学分互换制，即学生在海外大学获得 30 个学分，就相当于国内毕业的学分数。2007 年，日本再次将发展留学生教育作为一项重要国策，出台了《雇佣政策法》，明确将促进留学生等高层次海外人才在日本就业提升到国家级雇佣对策的高度。日本还修订居留资格的各项规定，让拥有各领域技能的外国人在日本居留更长时间。2008 年，日本政府又推出了到 2020 年“招收 30 万留学生的计划”。2009 年，入管法再次修订(2010 年 7 月生效)，将研修制度分为不包括实务研修的研修制度和包括实务研修的研修・技能实习制度，并针对后者新设“技能实习”这一签证类型。为了实现这一目标，日本相继推出了《促进世界成长的外国留学生招收战略》、“顶级全球化大学计划”、《日本再兴战略改订 2014》《日本再兴战略改订 2016》等助推政策。这一系列政策大大推进了日本的留学生教育，加快了日本高等教育国际化的进程。[①] 留学生在就读期间可以向入国管理局申请“资格外活动许可”，有条件地工作。从 2009 年 12 月开始，留学生毕业

① 高亚杰:《20 世纪 80 年代以来日本留学生教育政策研究》,《现代职业教育》,2019 年第 12 期。

后没有取得日本雇主的工作邀请的，可以申请为期 6 个月的“特定活动”在留资格，利用此资格找工作，并可以延期 6 个月。如果在日本的留学生毕业后取得了日本雇主的工作邀请，则可以申请以就业为目的的外国人居留资格。英国将留学生群体与低技能技术移民群体区别对待，明确提出“让最有才华的毕业生更容易留下来”，特意为欧盟区的国际学生设置为期 6 个月的“进修假”，使其在学习结束之前免费申请技术工人签证。此外，加拿大、澳大利亚等不仅放宽了留学申请标准，而且降低了留学生毕业后的就业申请门槛。法国、德国、日本均通过分类审核为优秀的外国留学生创造了更多的就业签证申请机会。

留学教育产业发达是传统移民国家的一大优势。在新自由主义全球化阶段，越来越多的非移民国家大力发展留学教育产业，通过拓展国际教育市场，为本国延揽国际优秀人才搭建了独特的平台。需要说明的是，在冷战后期，发达国家的滞涨还包括教育产能的过剩。通过发展国际教育，为发达国家转化过剩的教育产能提供了重要途径。日本在 20 世纪 80 年代中期大力吸引中国学生，大大缓解了部分高校和技术学校招生不足的尴尬局面。日本政府还不断降低来日留学的门槛，如 1997 年允许专科毕业生赴日本大学留学或就职、1998 年放宽了对留学生打工的规定等。如今，在日本的 770 多所大学中，超过 90%的大学招收国际学生。

三、动态调整技术移民政策，适时因应国家利益需求和经济社会发展需要

技术移民制度最初是传统移民国家的移民制度的一部分。随着工业化的基本实现，传统移民国家旨在提高移民的素质、优化移民结构，通过选择性移民政策，逐步建立起与劳务移民相互衔接的技术移民制度。随着信息化时代的到来，传统移民国家和欧日发达国家普遍推广这一制度，以求弥补本国新兴高科技领域人才短缺（理论上的）的状况，争夺在国际竞争中的优势与主导权。换言之，世界范围内的技术移民制度是进入 21 世纪之后才出现并普遍获得推崇的。在纳斯达克泡沫破裂之际，刚刚开

始实施技术移民政策的英国、德国、法国等均出现过激烈的政策摇摆和非常尖锐的国内政策争议，法国尤甚。在美国“新经济”的引领下，IT 产业炙手可热，相关专业的人才资源在国际竞争中的地位与作用上升，使技术移民制度设计的重要性与紧迫性与日俱增，这实际上也是欧日发达国家和地区推行技术移民政策的初衷，但这一制度的工具性特征也一目了然。各个发达国家紧紧围绕本国经济科技发展的阶段性需求，及时调整技术移民的配额、专业标准与优先行业（领域），尽可能充分地从外部为急需重要领域的经济科技发展补充人才资源。相应地，西方技术移民制度的动态性、实用性特征非常明显。

（一）通过临时技术移民等途径，及时吸纳急需人才

1988 年 6 月，日本政府以阁议决定的形式发布了《第六次雇佣对策基本计划》（第六次雇用対策基本計画），决定接收具有专业技术的外籍劳动者。1989 年 12 月，入管法进行第一次修订（1990 年 6 月生效），整理、扩充了居留资格类型，简化了入境手续，推动了审查标准透明化，向有合法资格的外国劳动者发放就业资格证明书。此后，日本开始积极地接收拥有专业技术和能力的外籍劳动者，但对接收“单纯劳动者”持谨慎态度。美国国会根据实际需求，随时对《移民与国籍法案》相关内容进行修订，为急需的高端人才打开方便之门，并根据人才类型的不同，制定了相应的引进方式。早在 1990 年，美国设立了针对专业技术人员短期在美工作的签证法，解决了由于信息产业迅速发展造成的人才短缺问题。签证法每年的限额为 6.5 万人，要求申请者必须具有大学本科以上学历。由于高科技信息产业对人才的强烈需求，美国国会在 2001 年将签证名额增加至 19.5 万。正是在信息产业高速发展阶段，美国用 H－1B 签证的方式引进了大量的信息产业工程师，以满足该行业的需求[①]，使大批外籍技术人才成为美国信息产业中重要的管理者和创业者。如今，技术移民中的第一优先（EB－1）所针对的对象是有突出才能的杰出科学家、研究者、跨国

① 姬虹：《美国技术移民与人才引进机制研究》，《美国研究》，2013 年第 3 期。

公司高级管理人员，不需要劳工证，也不用排队等候签证配额，直接可移民美国。

最能反映技术移民动态性特征的移民类别是临时技术移民，也被称为短期技术移民。他们以工作签证或职业签证的临时居民身份来到接收国，符合工作或居留条件时，能够转化成为永久技术移民。临时技术移民一度补充了美国在重要技术服务方面（计算机、科学研究员等）的缺口。20 世纪 90 年代，美国信息技术劳工供不应求，H1－B 类劳工即具有特殊才能的科技人才连年出现名额透支。1998 年，美国国会颁布《美国竞争力和劳工改善法》，规定将 H1－B 计划限额增加近 1 倍，其中，绝大多数配额都是分配给计算机及工程职业类。美国国会在 2000 年将 H1－B 签证名额从原来的 6.5 万增加到 11.5 万，而新增的签证名额中有 60％以上颁发给了 IT 技术人才。H1－B 类签证限额从 20 世纪 80 年代不足 5 万名，到 21 世纪初通过此类签证入境人数已超过百万。L－1 类签证限额从 20 世纪 80 年代的 6.53 万人增至 90 年代的 11.21 万人，进一步扩大到 21 世纪初的 29.46 万人，20 年间增长了近 5 倍。此外，每年入境的职业类移民由于配额有限，近半数的技术移民改而通过家庭团聚途径入境。自 2002 年以来，虽然美国在签证发放方面控制趋紧，但对 IT 人才仍是情有独钟。《西雅图时报》（*The Seattle Times*）根据 2016 年的人口普查数据分析发现，西雅图地区的平民劳动力中，约 14.3 万人从事的是 IT 类职业，包括软件开发人员、电脑程序员、系统分析员等。其中，近 5.7 万人（约占 40％）出生在外国。而在 1990 年，这一比例只有 11％。在圣荷西地区，IT 业工人中则有高达 71％是在外国出生。这种暂时性入境既能带来巨大收益又能保护、促进本国公民就业。在美国移民历史上，临时移民体系只占相当小的比例，但如今，每年以临时签证进入的技术人员数量远超永久签证，约为 4∶1。韩国为了解决农业、渔业等行业人力不足的问题，其法务部推行了季度雇佣签证制度，签发 90 天以内的短期工作签证。

（二）通过设置豁免条款等形式，防止急需人才的引进工作受阻

虽然劳动力市场测试作为两国保障本国劳动力就业的有效屏障，一

直发挥着重要的“过滤器”作用，但为了提升技术移民引进的效率和质量，一些发达国家在豁免上也规定了有利于高层次人才引进的要求。例如，在美国，申请杰出人才、杰出教授或研究人员及公司高管人才的永久居留签证，即职业类移民第一优先人员不需要经过劳工部办理劳工证、接受劳动力市场测试。具体而言，美国职业移民第一优先类型中的“拥有特殊才能的人才”，为在科学、艺术、教育、商业或体育方面有特殊才能的人员。此类申请人需要提供材料，证明其专业能力在相关领域受到国内或国际认可。申请人无需提前获得工作机会，但需要在进入美国后继续在本领域就业。申请人可自行申请签证。加拿大规定一些娱乐或电影相关职业、国际学生学位课程或一些国际协议相关职业可获得豁免。《澳大利亚移民法》第 48 条则对技术移民担保进行了豁免。临时居留类技术移民法一般不规定配额，比如，韩国没有对 E－1 至 E－7 工作签证设定移民配额，因此，政策调整更为便捷。

四、将技术移民工作列为国家事权，建立归口式管理、部门协同的工作机制

包括技术移民在内，移民事务属于传统移民国家的常规性事务和国家事权，相关国家相对较早地设立了专门的移民管理机构，对包括技术移民在内的移民工作进行归口式管理。美国联邦政府管理移民事务的部门主要有国土安全部、劳工部、国务院、卫生和社会服务部及司法部。其中，国土安全部是唯一代表美国联邦政府执行移民法律的主管部门，肩负着执行移民法律的首要任务。劳工部负责审批外国人劳工证，外国人申请多数美国职业类签证前必须先取得劳工证。国务院负责在境外签发签证、难民身份批准、签证护照的安全等。卫生和社会服务部负责提供某些入境外国人的社会安全档案记录信息、报告某些学校是否有资格接受外国留学生、审核外国医科毕业生入境前的医学知识评估以及难民安置等。司法部负责移民法院体系和移民法解释，管理移民法庭、移民上诉委员会。可见，国务院、劳工部、卫生和社会服务部、联邦调查局在各自主管的

职能范围内依法协助国土安全部执行有关的移民法律政策。

加拿大移民、难民及公民管理局(Immigration Refugees and Citizenship Canada,IRCC)是主要负责部门。与之相关的部门有:加拿大边境管理处(Canada Border Services Agency,CBSA);加拿大移民及难民部(Immigration and Refugee Board of Canada,IRB),加拿大最大的移民案件和难民案件仲裁机构;加拿大安全情报部门,主要工作是监控和调查可能对加拿大造成潜在危险的个人及组织,在移民过程中参与申请人背景调查工作;加拿大劳动及社会发展局(Employment and Social Development Canada,ESDC),负责劳务市场、就业、养老及福利津贴等事务,移民中主要负责评估海外劳工是否会对境内劳动力产生负面影响;加拿大皇家骑警(Royal Canadian Mounted Police,RCMP),当移民案件中出现离境令、非法滞留等状况时,CBSA 有时会与 RCMP 合作抓捕,后由 CBSA 拘留直至押送出境。另外,如果申请人需要加拿大本地的无犯罪记录,也由 RCMP 负责调查出具。

总体来看,传统移民国家和欧日发达国家基本建立了归口式管理的主要负责部门,并与相关业务部门之间形成了较为清晰的业务分工与合作关系,这也是技术移民政策得以有效实施的体制保障。

五、以专业(行业)需求为申请基础,细化引进标准和类别

美国 1990 年的《移民改革法案》(《合法移民改革法案》)将技术类移民从其他类移民中独立出来,形成了三种基本类型的技术移民:一是永久居留技术移民,包括 EB—1—5;二是短期居留技术移民,包括 H、O、L、H 和 TN 类;三是学生签证,包括 F、M、J 三类。其中,F 类签证发给赴美学习的留学生,又包括学术学生(F—1)、签证配偶和子女(F—2);M 类签证发放给进行非学术或职业学习的留学生,同样包括职业学生(M—1)、签证配偶和子女(M—2M—1);J 类签证适用于赴美国交流访问、在职培训、专业培训及从事研究工作的外国专家和访问学者,包括访问学者(J—1)、签证配偶和子女(J—2J—1)。在加拿大,联邦技术移民、联邦技工移民、

经验类移民、魁北克技术移民和省提名计划移民统称为永久居留类技术移民。其中，联邦技术移民分为技术类、经验类和技工类，在语言、工作经验、受教育程度和有无工作聘用等方面的要求各不相同，配额数量也不一样。

澳大利亚有 189、887、186、187、190 等多种技术移民签证，签证类别不同，要求也各异。1999 年 7 月 1 日，《澳大利亚移民法》修正以后，新的技术移民类别主要包括以下三大类，即独立技术移民、澳大利亚担保技术移民和匹配技能移民。从 2001 年 2 月 1 日起，澳大利亚政府进一步推出了优先审理方案，旨在加快引进影响澳大利亚发展的紧缺人才。自 2007 年 9 月 1 日《澳大利亚移民法》修改后，澳大利亚技术移民类别主要包括以下三大类，即一般类技术移民（General Skilled Migration，GSM）、雇主担保类技术移民（Employer Sponsored Migration）以及商业移民（Business Skill Migration）。如今，澳大利亚的技术移民分类非常详细，远较其他传统移民国家复杂，包括一般技术移民、雇主提名移民、杰出人才提名和商务技术移民四大类，每一类还能细分为若干种。例如，一般技术移民又分为独立技术移民（永久居留）和担保技术移民（永久居留）。

德国建立了多元的评估机制，将专业技术移民分为高层次专业技术移民、从事紧缺职业或高收入的专业技术移民、外国留学生、研究人员、求职者和容忍居留者。德国立足劳动力市场以及经济发展的需求，针对不同类型、层次的移民给予不同的居留待遇，前两者可申请的居留许可类型分别是永居许可和欧盟蓝卡，其余类别则申请有限居留许可。此外，独立技术移民指完全基于自身技能迁移到另一个国家的技术移民，由于申请时不需要工作邀请，成为对申请人最为便利的一类技术移民，在加拿大、澳大利亚和新西兰是最重要的技术移民类型。美国没有完整意义上的独立技术移民，但专门设计了豁免条款。

六、规范技术移民身份管理，为享受基本国民待遇提供便利

美国社会安全卡是外国移民在美国身份认证的重要方式和凭证。该

卡存储的个人信息不但包括性别、年龄、出生日期等自然状况，还包括教育背景、工作经历、银行信用等信息。发放给非美国公民的社会安全卡主要有两类：第一类卡不仅有名字和相应的号码，还有国土安全部对其工作资格的认可凭证，这种卡发放的对象为获得短期工作资格的移民；第二类安全卡则针对只有居住资格而没有工作资格的移民。进入 21 世纪以来，首先是最新的信息技术不断推广，电子护照已在国际民航系统普遍使用，澳大利亚等国在探索云护照上取得了突破性进展，实现护照的完全数据化、电子化；其次是安全强化的趋势，物理学防伪技术、化学防伪技术、生物学防伪技术越来越多地应用于移民管理证件中；最后是功能综合化。外国人持有一个综合性身份证件便可以在入境国履行义务、享受权利。[①] 日本法务省设立了在留管理信息共享制度，通过此制度，日本政府可以更加有效地获得在日外国人的实时动态。在此制度中，日本在留卡起到关键作用。该卡记载了外国人的基本身份信息、生物信息和在留情况三部分内容。

发达国家以及我国香港、澳门地区的通行做法是为外国人进行统一编号，形成类似于本地居民的身份证号码，便于辨识。同时，对不同编号的证件设定不同的权限，通常赋予常规性的国民待遇。发达国家普遍实行“一个部门”颁发“一证”，即外国人只要拿到该国颁发的工作类签证或永久居留证，就可以凭“一证”在该国合法入出境、停居留、工作，并可在生活领域享受国民待遇。比如，美国的 H－1B 工作签证主要签发给从事专业性工作的外籍人士，由美国移民局负责审批签发，美国劳工部负责审核申请人岗位是否紧缺急需。更有受访者表示，在核验外国人身份时，“在美国一般驾照就行了”。欧盟的“蓝卡”制度，主要吸引海外技术人才来欧盟工作，由各成员国的外国人管理部门签发，部分国家对工作合法性仅做事后监管。2006 年出台的荷兰高技术移民政策规定，将工作签证和居留证二证合一。申请者不需要再向劳动局申请工作签证，可直接向移民局

① 胡黎阳：《在华外国人身份证件智能化改革初探》，《北京警察学院学报》，2019 年第 1 期。

申请居留签证，在拿到居留签证以后也同样可以获得工作许可。2009 年初，葡萄牙政府通过了一项针对移民证件的新决策，从当年 2 月份开始，移民局给合法停留在葡萄牙境内的各国移民换发新的居留证件。新居留卡三合一，在以前只用于身份确认的基础下，增加了税卡号码以及社会福利号码。新居留卡包含所有必要的携带证件。为了方便政府机构记录各国移民确切的资料，该卡片内还装置了一张带有移民资料的高级电子记忆芯片。新加坡的工作准证由新加坡人力部负责签发，持"一证"即可在新加坡工作、居留和生活。

七、优化技术移民公共服务体系，促进外籍人才的社会融入

对移民而言，融入不但是权利，同时也是义务。技术移民的社会融入，体现为移民个人素质要求和提供福利、融入服务两个角度：一方面，在引进人才时通过积分评估制、雇主担保制等筛选人才，确保技术移民的个人能力和基本素质，保证移民具有一定的社会融入能力，例如，各国普遍就语言、年龄、受教育程度等规定基本要求；另一方面，通过给予技术移民在住房、教育、医疗、金融等方面的福利待遇，以及语言培训、就业辅导、生活、社交等方面的融入服务，为技术移民的生活提供便利，促进其融入社会。[①] 美国公民及移民服务局（USCIS）的一项职能就是公民整合（Civic Integration），即帮助移民美国的人群融入社会生活中。获得美国绿卡意味着对医疗保障等社会福利的享有。专业技术型移民在住房补贴、社会救济等社会福利方面，与本国公民拥有同等的权利和义务，而在教育资助等部分福利方面，居留许可的类型不同，所享受的社会福利待遇也有所差别。同时，美国政府致力于帮助新美国人通过教育机构、社区、信仰团体、工作地点和数字平台接触到高质量的英语教育，推广英语学习和识字。联邦政府还资助了一些对新移民的公共教育。

美国教育部下属的职业技术和成人教育办公室（OCTAE）为英语老

① 宋娇莹：《发达国家技术移民制度的内在逻辑与启示》，《武警学院学报》，2021 年第 7 期。

师和学习项目拨款并签署合同，比如 National Adult English Language Learning Professional Development Network（ELL－U），the Literacy Information and Communications System（LINCS）Adult English Language Learners Resource Collection，and the Adult Education，以及 Immigrant Integration Initiative 等。在对外国人口子女教育方面，纽约市颁布了“第 41 号行政令”，规定了 5－21 岁的子女有权在纽约上公立学校直到高中毕业，从幼儿园到 6 年级的学生可免费享有巴士服务，公立学校学生可获得免费或减价午餐待遇。在医疗服务方面，纽约规定多数移民都可以申请政府的医疗保险计划以及享有社会公共福利，如面向各年龄段低收入人士的医疗补助计划，面向 18 岁以下青少年的儿童保健计划（CHP）、孕期医疗补助计划（PCAP）等。

欧盟通过制定相应的移民政策，使不同文化能够融合在一起并被承认与接受，让不同民族、种族的人享有相同的机会和政治权利，在心理上促进移民对移居国家的社会产生归属感，最终实现移民对迁入国主体社会的政治、经济和生活的平等参与。①《英国未来技术移民白皮书》第八章中提出：移民必须学会说和理解英国的语言，并充分利用英语，成为英国社区的一员。德国政府认为，体育活动是移民与本地居民建立人际关系、习得文化知识、推动社会交往的重要社交媒介之一。“体育促进融入”项目的推出，帮助移民在互动拓展维度融入。德国联邦政府还为移民群体提供了一个多语言的信息门户“Make it in Germany”。在该门户网站上，外籍人口可以找到与德国移民、生活和工作的各种主题相关的信息。② 移民个体的融入能力，特别是德语能力也会作为移民居留许可签发与否以及对应种类的重要考量。参加融入培训是强制性要求，若没有依规定参加相应的培训，居留许可以及入籍申请将不会被批准，社会福利

① 田源：《移民与国家安全：威胁的衍生及其条件研究》，世界知识出版社 2010 年版，第 57 页。

② Federal Ministry for Economic Affairs and Energy. Fachkräfte für Deutschland[EB/OL]. (2021-02-05)[2020-03-21]. https://www.bmwi.de/Redaktion/DE/Dossier/fachkraeftesicherung.html.

待遇也会受到影响。融入课程涵盖语言、国情等诸多内容，共计 700—1 000 学时。德国政府也要求申请绿卡的外国人了解德国文化、拥有流利的德语能力以及知悉法律法规。[①]

日本同样十分重视日语教育，在立法中明确了政府对于在日外国人的“日语教育”的职责，并推出了“融会贯通，日语生活”在线教室。日本东京规定，外国人可以根据自己的意愿进入所在地区的公立小学和初中就学。一些公立学校专门开设了面向外国人和归国子女的班级。16 岁以上住在东京都内或就业的人士，无论国籍，均可入学公立中学的夜校。同时，外国人在日期间怀孕，需进行怀孕登记，并到市町村政府领取母子健康手册。公益财团法人母子卫生研究会提供有日语和外语，包括英语、韩语、汉语、越南语、泰国语、他加禄语、葡萄牙语、印度尼西亚语、西班牙语这 9 种语言记载的双语母子手册。

韩国法务部出入国外国人政策本部设立移民统合课，负责制定在韩外国人的社会融合政策。其主要职能包括：一是规划社会统合课程（Korea Immigration and Intergration Program，2009）、移民者早期适应计划，进行必要的基本素养（韩国语、韩国文化、韩国社会理解、其他教育等）培训，帮助在韩外国人适应韩国生活。自 2018 年 2 月 12 日起，社会统合课程第五阶段课程可通过网络进行学习。二是与负责社会融合培训的教育机构进行合作，开展永居综合评价考试与提前评价考试。申请韩国永居停留资格人员应具备两个基本素质条件之一，即“韩国移民社会统合项目课程（KIIP）”第五阶段（基本课程）结业者，或者通过“永居综合评价考试”（Korea Immigration and Permanent Residence Aptitude Test）。自 2018 年 9 月 21 日起，法务部决定扩大永居类综合评价考试对象范围，扩大至“KIIP 第五阶段基础课程完成者”和“提前评价考试 85 分以上者”。三是开设国际结婚移民者教育课程，对移民家庭进行调查和支援。四是对在韩外国人及其子女进行维权保护教育和宣传，积极推行维权律

---

① 黄菁华：《完善我国技术移民的法律制度研究——基于德国的经验》，《中国经贸导刊》，2019 年 11 月中。

师管理制度，对移民者进行法律保护。五是建立综合服务信息网络，为移民者提供信息交流和学习平台。六是定期举办“世界人之日”活动，大力宣传多文化社会，促进本国人和外国人和谐共存。

新加坡则在保持现有人才储备的同时实施英语与汉语教育，拥有以英语和汉语为主的语言环境，为外来移民提供了更便利的工作生活条件。在子女教育方面，新加坡设立了使用日语、英语、法语等为教学语言的外国语学校，外商及外国专业技术人员的子女从小学至高中均有优质的受教育机会，良好的国际教育条件为人才移民解决了子女教育的后顾之忧。住房方面，政府开展了外籍人才居住计划，对新加坡永久居民、就业准证持有者和半熟练工人提供临时性住所，且价格在 700—1 400 新元之间。赋税方面，新加坡拥有全球极低的税负水平。新加坡各项税负水平综合排名居全球第八，在亚洲排名仅低于中国香港地区，相比于有相似科技、经济发展水平的发达国家，能变相提高个人和企业在新加坡定居、持久经营的吸引力。医疗方面，新加坡建立了由政府补贴（Subsidy）、保健储蓄（Medisave）计划、终身保健（Medishield Life）计划和保健基金（Medifund）计划构成的“S+3M 制度”，为公民提供多层次健康保障。新加坡还制定了完善而公正的社会评价指标，例如，对移民收入、社会违法违纪情况进行长期的综合性考察，保证移民获得永久居留权之后的长期积极性。

西方发达国家主导了新自由主义的全球人才配置进程，所有发达国家和地区均是这一进程的主要受益方，并同时累积了诸多成功经验。2007—2009 年危机之后，尽管某些举措的政策效应下降，甚至受到了越来越多的内部质疑，并最终导致 2018 年以来新自由主义技术移民体系难以为继，但发达国家和地区在冷战后的技术移民制度探索与政策优化一定程度上顺应了人才地位提升的历史趋势，顺应了经济社会发展越来越依靠创新资源及其载体（人才）的发展趋势，顺应了人类社会以人（才）为本的总体趋势，不仅使发达国家和地区赢得了冷战后全球竞争的优势地位，而且使其成为全球人才大变局的重要参与方，并率先引领着这一进程。

第四节　新自由主义全球人才流动机制的失灵

新自由主义全球化的现代流动性特质赋予了各国人才市场以新的活力。2007—2009 年危机发生在西方发达国家的核心地带，深刻改变了全球经济资源的空间分布和世界经济格局，非西方国家在本国经济实力逐步增强的背景下，无法继续接受西方国家在全球人才配置中的长期主导地位；另外，西方发达国家在过度金融化及对外投资导致的产业空心化的双重夹击下，自由主义技术移民政策面临着国内民粹浪潮的强烈抵制。结果，西方国家与非西方国家对人才资源全球配置的基本立场均开始改变，全球人才流动机制的动因开始改变、动力逐步衰退。

一、新自由主义经济全球化的动力不足，发达国家难以继续主导世界市场化进程

新自由主义经济全球化的前提条件是西方阵营与非西方国家当时达成了罕见的默契：全球市场化，或者说，拆除计划、半计划经济体制的藩篱。当然，重点是苏联、中国、印度等非西方国家的市场化。以 1990 年形成的“华盛顿共识”为代表，新自由主义经济全球化的核心理念是商品、资本和人员（劳动力）等生产要素在全球的自由流动。[①] 长期滞涨的西方剩余资本获得了前所未有的投资空间及相应的超额利润，大批西方主导的跨国公司向全球挺进，美国“新经济”甚至迎来了长达 118 个月的持续增长。该轮全球化进程由美国为首的西方发达国家极力倡导，动力机制包括：以降低关税和非关税壁垒为核心的贸易自由化；以市场开放为重点的资本全球化；以新自由主义为指导的全球经济治理。

但是，全球化的本质就是流动的现代性，新自由主义过于强调市场化，却违背了这样一个事实，即市场的跨国性与政府的国界性是全球化的

---

① 金碚：《论经济全球化 3.0 时代——兼论“一带一路”的互通观念》，《中国工业经济》，2016 年第 1 期。

一组悖论。[1] 2007 年的美国次贷危机、2008 年的全球金融危机、2009 年的欧债危机在西方资本主义的核心地带轮番上演。经此一役,西方发达国家开始回撤:在国际贸易方面,1998—2007 年,全球货物贸易和服务贸易出口额年均增速分别达到 10.9%和 10.8%;但 2008—2017 年,全球货物贸易和服务贸易出口年均增速分别下降到 3.2%和 4.1%,保护主义抬头。在国际投资方面,跨境资本流动从 2007 年的 12.4 万亿美元缩水至 2017 年的 5.9 万亿美元。2018 年的跨国资本流动规模与 2008 年金融危机前相比,缩水了近 2/3;在国际分工方面,美国、欧盟的"再工业化"尤其是特朗普掀起的 MAGA 运动重构了制造业产业链的国际分工格局,在一定程度上加速了全球产业链、供应链和价值链的回撤步伐,滞缓了先前制造业向中国等新兴经济体转移的历史进程。

不同于重商主义时期跨国公司与母国利益的高度一致,20 世纪 90 年代以来,全球供应链带来了跨国公司的高利润,但跨国公司的产业转移与人才本土化政策也损害了母国传统产业和劳动力就业,母国采取的应对措施时常影响跨国公司的海外利益与本土权益。从发达国家的产业布局看,尽管全球分工使生产的效率更高,跨国公司的成本也随之逐步降低,但在全球价值链扩展深化的进程中,大量产业向海外的转移导致母国产业的空心化、就业不足等问题,在现实中体现为跨国公司母国的总体经济收益在全球经济中的比重持续下降。在 2008 年金融危机后,经济全球化进程中以国家为主体(尤其是发达国家)的利益和以跨国公司为主体的利益之间的失衡现象尤为明显[2],西方跨国公司与母国的利益冲突加剧。同时,非西方国家的本土企业(Domestic Company)发展导致西方跨国公司收益递减,跨国公司对外投资平均回报率从 2005—2007 年的 10%降至 2017 年的 6%。不仅如此,中国等新兴经济体的跨国公司也呈现逆势而上的成长态势,尤其中美两国的世界 500 强企业在数量和规模方面已

① 周文等:《经济全球化辨析与中国道路的世界意义》,《复旦学报》,2019 年第 3 期。
② 黄鹏等:《经济全球化再平衡与中美贸易摩擦》,《中国工业经济》,2018 年第 10 期。

经不相上下（见图 2—1）。

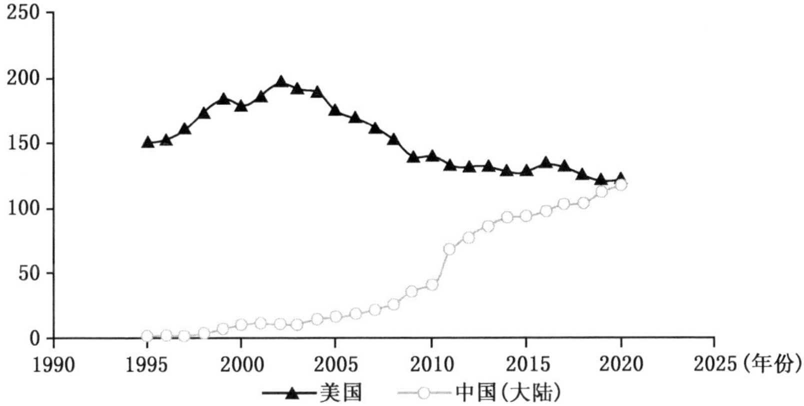

图 2—1　1995—2020 年中美两国世界 500 强企业的数量变化趋势

三场危机敲响了西方过度金融化和产业空心化的警钟，也使世界经济进入下行周期：一是世界经济增长的传统动力弱化，对数量扩张型粗放式全球化发展模式形成挑战；二是发达国家和发展中国家的力量对比与立场发生质变，西方主导型全球化推进方式受到挑战，新兴经济体和发展中国家整体性崛起，针对全球化收益分配再平衡的要求越来越强烈；三是以新自由主义为主导的全球化治理理念不适应全球化发展的新格局。[①]因此，2007—2009 年的危机如同一个分水岭，市场原教旨主义的时代渐渐远去，“在今天，任何有声望的知识分子都不会去支持这样一种看法，即市场本身就是有效率的，而不必去考虑它在公平上产生的后果”[②]。经济全球化的步伐明显放缓，西方发达国家已经无力主导世界范围的市场化进程，新自由主义全球化徐徐落下帷幕，甚至在西方以“逆全球化”[③]的形

① 王蕴：《经济全球化的新动向和新趋势》，《经济导刊》，2019 年第 7 期。

② ［英］卡尔·波兰尼：《大转型：我们时代的政治与经济起源》，浙江人民出版社 2007 年版。

③ 张超颖：《“逆全球化”的背后：新自由主义的危机及其批判》，《当代经济研究》，2019 年第 3 期。

式呈现。尽管欧美的具体举措有所差异，但毋庸置疑，面对以中国为代表的新兴经济体的迅速崛起，作为新自由主义全球化发源地的西方发达国家恰恰成为反对、阻碍新自由主义全球化进程的主力军[①]，甚至连续上演了英国脱欧（2015）、特朗普逆袭（2016）、美中贸易战（2018）、印太经济架构（IPEF，2022）等闹剧。

二、西方发达国家的反移民倾向常态化，新自由主义全球人才配置的民意基础改变

无论是传统移民国家，还是欧日发达国家，技术移民政策的一个共性就是以劳动力移民政策为基础，并且普遍建立了身份转换机制。外籍劳务市场与外籍人才市场的有序衔接，使国家层面的人才政策长期受制于劳动力市场走势、民意及党派利益。2007－2008 年危机之后，美国社会各界开始秉持强硬的反移民立场。具有本土主义和种族主义色彩的茶党运动的核心议题之一便是移民问题。特朗普上任之初便签署所谓的“禁穆令”，要求遣返非法移民，并坚持在美墨边境修建围墙。随后，特朗普签署新版移民限制令，再次尝试限制部分外国公民进入美国。新限令加剧了美国社会在移民问题上的意见分歧。在 2018 年美国的中期选举中，70％的选民认为移民是影响投票的一个重要因素。[②] 特朗普当时宣称移民是一种优待而非既有权利，必须将国民安全放在首位。[③] 皮尤研究中心的调查显示，尽管“骨肉分离”移民政策于 2018 年 6 月被迫叫停，但对移民的“零容忍”成为美国朝野的广泛共识，移民问题也持续成为近 3 次总统大选的主要议题之一，并使拜登所谓的移民新政进退失据、无功而返。

---

① 董琴：《“逆全球化”及其新发展对国际经贸的影响与中国策略研究》，《经济学家》，2018 年第 12 期。

② Abigail Geiger，A Look at Voters' Views Ahead of the 2018 Midterms，November 1，2018，http://www.pewsearch.org/fact-tank/2018/11/01/a-look-at-voters-view-ahead-of-the-2018-midterms/.

③ Michael Kazin. “Trump and American Populism：Old Whine，New Bottles”，in *Foreign Affairs*，Vol. 95，No. 6，Nov. －Dec. 2016，pp. 17－24.

英、法、德三国的移民政策走势是欧洲的风向标。英国政府在社会福利、工作机会等方面对外来移民进行了诸多限制。前首相特蕾莎·梅主政的保守党政府一直主张以严厉措施限制移民，甚至曾明确表示，保守党未来的政策将继续限制移民，把每年净移民人数控制在10万以内，脱离欧盟后的英国能够更有效地控制来自欧盟国家的移民。德国政府对移民持包容姿态，前总理默克尔一贯坚持其“打开大门”接纳难民的移民政策。但德国多数民众认为，蜂拥而至的难民超出了德国的接纳能力，而且难民问题引发的暴力事件不断增加，致使默克尔的难民政策自实施以来接连受阻甚至遭遇重挫。此外，极右翼民粹主义色彩的德国选择党主张建立移民打分体系，从源头上加强对移民的控制，同时反对福利移民，反对欧盟开放边境。[①] 法国在政府层面和非政府层面的反移民倾向早于其他西方国家。马克龙总统主张限制移民，瓦解非法移民的网络，切实加强安全和司法工作，为源头国家提供相应的援助。勒庞领导的“国民联盟”强调“法国优先”，主张大力限制移民人数。在2022年的总统大选中，“国民联盟”候选人勒庞甚至获得了41.8%的有效选票，显著高于2017年的33.9%。

追根溯源，新自由主义全球化背景下的反移民浪潮源于发达国家的就业机会持续减少。当生产要素在全球范围内进行配置时，市场竞争会比仅在本国国内激烈得多。为了降低生产成本，西方国家的众多企业纷纷外迁，因此，来源国的劳动者就必须与发展中国家的劳动者进行竞争。尤为重要的是，自由贸易的支持者认为，受到外国竞争冲击的劳动者可以很容易地转移到其他优势行业，从而缓解对其收入的不利影响。但受影响者多数没有受过高等教育，且转行成本高。发达国家的部分产业尤其是制造业，确实遭到了自由贸易的反噬。自《北美自由贸易协定》签订之后，美国损失了近1/3的制造业岗位。新兴经济体和发展中国家占全球生产总值(GDP)的比重从1990年的19%上升到2020年的40.6%，对全

---

① 王瑞平:《对当前西方“反全球化”浪潮的分析:表现、成因及中国的应对》,《当代世界与社会主义》,2018年第6期。

球经济增长的贡献高达 80%。相对而言,2020 年的美国 GDP 在全球 GDP 中的比重降至不及 1/4(见图 2—2)。

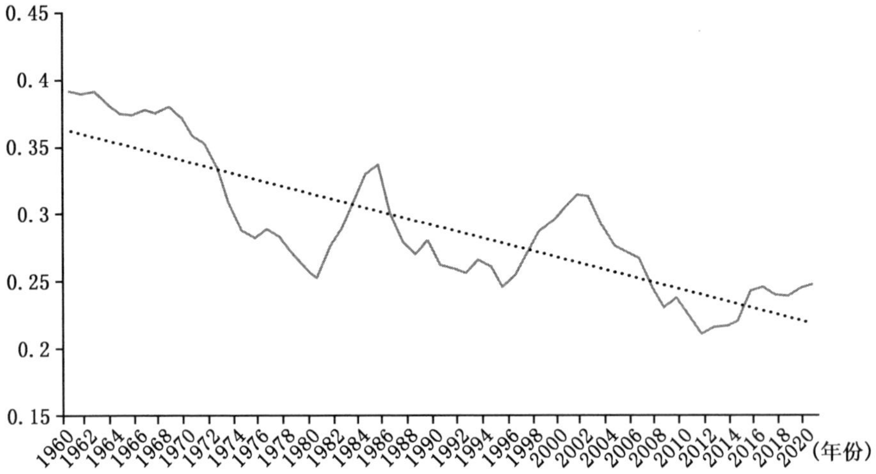

图 2—2 美国 GDP 占全球 GDP 的比重变化图

苏黎世理工学院编制的 KOF 全球化指数(KOF Globalization Index)显示,指数增长率在 1970—1990 年为 0.6%,1991—2009 年为 1.7%,但 2010 年至今已降至 0.4%。另一项调查显示,在美国以外的 10 个发达国家中,反对移民的中位数比例达到 58%,即使在一些发展中国家(如印度、菲律宾、南非、俄罗斯),反对移民的比例与发达国家也相差无几[①],这表明对移民的排斥正成为一种全球性趋势。在这种反移民情绪的背后,除对争夺就业机会、住房、社会福利等的考量之外,更重要的是担心不断增加的外来移民会引发文明冲突。全球化的发展历史证明,对移民的敌视通常会成为全球化繁荣周期终结的一个重要标志。[②] 社会层面

① Phillip Connor and Jens Manuel Krogstad, Many Worldwide Oppose More Migration Both Into and Out of Their Countries, December 10, 2018, http://www.pewresearch.org/fact-tank/2018/12/10/many-worldwide-oppose-more-migration-both-into-and-out-of-their-countries/.

② 李向阳:《特朗普政府需要什么样的全球化》,《世界经济与政治》,2019 年第 3 期。

的反移民倾向倒逼西方发达国家将外籍劳工政策与技术移民政策进行区隔，西方长期宣扬的自由主义移民政策随之落幕。

三、非西方国家在全球人才流动中面临着巨大风险，纷纷采取必要的避险举措

人才资源的全球自由配置是新自由主义经济全球化的基本维度。西方主导新自由主义全球化，主要通过吸引技术移民、跨国公司在东道国实施人才本土化策略等，对发展中国家人才资源进行大规模开发利用。这对东道国造成的负面影响显而易见：一是人才流失风险加大；二是降低工作绩效；三是破坏企业凝聚力；四是造成逆向技术扩散与自主知识产权开发困难，削弱当地科研院所的自主创新能力；五是跨国公司通过并购垄断东道国的某些优势产业和人才资源。自 20 世纪 90 年代以来，中国、印度、俄罗斯一度稳居人才大规模外流国家的前三位，俄罗斯普什切诺科学城的顶尖科学家撑起了当代美国的分子生物学，班加罗尔与美国硅谷之间甚至形成了体制外利润循环管道和常态化的技术移民网络，成立于 1994 年的硅谷清华校友会（SVTN）更是汇聚了 2 万多清华学子。近年来，无论是传统移民国家（美、加、新、澳），还是欧日发达国家，都普遍将人才视为竞逐标的，从国家安全的角度处理移民问题。换言之，人才不仅是一种资源，而且是国家间竞争和争夺的重要焦点，成为一种安全要素。人才信息也就成为国际竞争中的重要情报，以至于美国在发动对华人才攻击过程中直接动员了司法机关、情报机构甚至国防部等强力部门。

新自由主义经济全球化为中国带来了人才培养与引进的机会，我国据此盘活了国内人才市场、优化了人才结构，但也面临着一系列人才竞争与挑战，主要体现在两个方面：一是中国人才外流加剧；二是国内人才向跨国企业流动。当时就有专家预言，如果不及时采用有力的激励机制吸纳人才，中国则将由“货币资本短缺时代”走向“人力资本短缺时代”。①

① 张桂鸿：《人才全球化竞争与我国人才竞争战略》，《中国市场》，2005 年第 9 期。

随着我国进一步走向多领域、全方位的开放和融入全球经济体系程度的加深,尤其在“来去自由”的政策背景下,当时限制我国人才外流已几乎不可能。但与八九十年代的人才外流相比,新自由主义全球化背景下的人才流失的最大特点是人才大规模进入中国的跨国公司和外资企业中[①],而且这种“本土性流失”的经济社会影响往往被低估。

2008 年金融危机之后,随着中国、印度等新兴经济体的迅速崛起,国际人才市场的基本格局逐渐开始改变,尤其中国逐步扭转了在国际人才市场上的长期被动局面,集中体现在以下三个方面:一是留学回国人数与出国留学人数逐步抵平(见图 2—3);二是来华外籍人才的规模持续扩大;三是在华外国留学生的规模持续扩大,中国已经成为亚洲最大的留学目的地。中国政府在各类人才计划、人才工程的基础上努力为外籍人才来华和出国留学人员回国发展提供便利,逐步成为全球人才流动的重要受益方。印度同样通过政府主导、社会机构发挥纽带作用,尤其面向 3 210 万海外印度人(包括 1 800 万外籍印裔)发放“印度裔卡”(PIO 卡)、创设国家风险基金等,逐步改变了人才外流的长期被动局面。2006 年 6 月 22 日,俄罗斯总统批准了为海外同胞自愿移居俄罗斯提供协助的国家计划。该计划适用于苏联解体后处于俄罗斯境外和希望迁至俄罗斯的人,逐步改变了苏联解体之后俄罗斯高素质国民单向度流向国外的被动局面,仅 2022 年第一季度,就有超过 1.6 万人回到俄罗斯定居,其中不乏大批专业技术人才。

总体来看,随着全球化进入全新的发展阶段,西方发达国家的技术移民政策更趋保守、更富针对性,并且开始放弃长期把持的道德高地,不再盲目喧嚣自由、人权、人道主义等口号。新兴经济体和发展中国家也纷纷采取措施,加大了人才吸引和集聚的政策力度,同时对人才外流采取了一系列干预与避险措施,力图改变在全球人才流动中的严重失衡及被动局面。这都预示着国际人才市场已经无法在主要经济体达成规则认同的基

---

① 王旭:《试论经济全球化与人才战略》,《浙江万里学院学报》,2002 年第 3 期。

础上继续运行，西方主导的新自由主义全球人才配置机制逐步失灵。

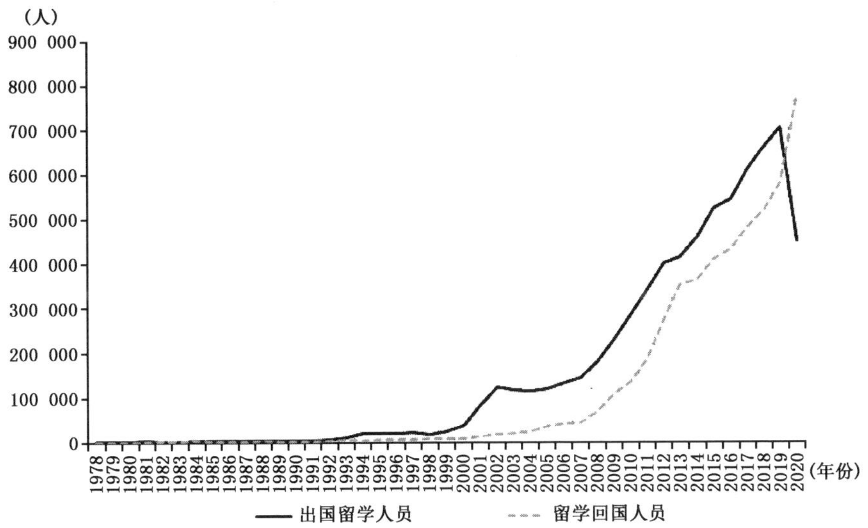

图 2—3　出国留学人员与留学回国人员规模变化趋势图

第五节　西方新自由主义技术移民制度的主要教训

技术移民具有人口增长与人才资源吸纳的双重功能，相应地，技术移民制度包括独立技术移民、担保技术移民、劳动力市场测试、积分评估、外国人身份转换、移民职业清单、移民配额、弹性移民管理、移民融合等具体制度。① 传统移民国家的技术移民制度是其移民制度嬗变的产物，同时也是人才资源在经济科技发展中的地位与作用不断提升的结果。相对而言，欧日发达国家和地区的技术移民制度虽然一定程度上受到老龄化、少子化等人口因素的影响，但归根到底，还是自信息化浪潮（“新经济”）以来经济科技发展的客观要求。上述两类国家与中国国情有两个基本区别：

① 刘国福：《中国技术移民制度的建设和展望》，《第四届移民法论坛：出境入境管理法、中国和世界论文集》，2012 年 11 月 18 日。

一是尽管面临着老龄化、生育率不高等社会难题，但中国依然是世界第二人口大国，拥有全球最大规模的劳动力队伍；第二，中国不仅没有移民传统，而且中华文化具有显著的独特性，近代以来的历史更是决定了很多国民对外国人高度敏感，难以兼容过大规模的外国移民。因此，在全面掌握、准确理解、认真学习西方发达国家的技术移民制度经验的同时，我国需要从本国国情出发，充分认识到西方技术移民制度自身存在的某些问题或者局限性，以及与中国国情相适应、协调、契合的某些内容。

一、发达国家的新自由主义技术移民政策普遍打着自由主义的旗号，是近代西方意识形态的产物

归根到底，技术移民制度就是实用主义的国际人才政策，是民族国家与部分人才之间的利益诉求不一致的结果。在世界各国经济科技发展水平和文化社会环境各异的背景下，一部分人才迁出母国、迁入别国，在迁入国工作、生活并相应地为当地发展做出贡献。从迁出国的角度来看，人才流出通常属于国家利益的减损。但自近代以来，无论是殖民地精英向宗主国的流动，还是新兴民族独立国家人才向前宗主国的流动，以及发展中国家人才向发达国家的持续流动，均属于世界边缘、半边缘向核心地带的流动。居于世界知识、科技、教育、学术、人才核心地带的西方发达国家不仅成为其他地区人才资源的“收割机”，而且站在自封的道德高地上，为这种国际人才流动赋予了自由主义的色彩，即人才的国际流动是一种“自由”，并且理应享有这种“自由”。

正由于经济社会发展方面存有显著差距，西方发达国家以往的自由主义技术移民政策的最大吸引力就是：赋予国民待遇。相对欠发达国家和地区的优秀人才进入发达国家，享受到的最大限度的自由就是成为发达国家的国民。因此，技术移民转换制度的终极目标就是入籍，之前的所有过程却被抹上了自由主义的色彩。如前所述，发达国家技术移民配额的多少、是否出台临时技术移民政策、居留期限长短等完全按照特定发展阶段的实际需求决定，而不是根据排期长短决定，更不是由所谓的自由主

义的原则所决定。技术移民政策如是，整个移民政策体系层面更如是。2017 年 3 月 18 日，特朗普声称移民是一种待遇，而不是权利，这就揭示了西方新自由主义技术移民政策的本质：技术移民是西方发达国家授予移民申请人的资格和待遇，申请人只有申请的自由。

自 2017 年以来，在民粹主义浪潮泛起、全球化进程放缓的背景下，西方发达国家再也顾不上民主、自由、人权、人道主义等贯口老调，纷纷摒弃了长期宣扬的新自由主义技术移民政策，投入全球人才大争夺，主要通过大幅度缩减劳务移民、亲属移民、难民的配额，出台了带有某种民粹印记的民族主义技术移民政策，最具标志性的事件就是美国 2019 年 5 月 16 日移民改革方案的出台。该方案大规模调整绿卡分配比例，取消多元化绿卡抽签项目，大规模缩减亲属移民配额，使绿卡配额向高学历、高技能背景人才倾斜，并增加了三个"高技能"类别，即具有杰出才华者、美国国内急需的职业、专业人士以及出色的学生。拜登竞选团队关于自由职业移民的高谈阔论更是在其执政之后一年之内黯然消失。西方技术移民政策回归了本色：主权国家的利益诉求。这是威斯特伐利亚体系的核心，复合依存度各异的主权国家之间的利益增损具有零和特质，国际人才流动始终属于国家核心资源非此即彼的再配置，也正因此，Amartya Kumar Sen、Martin Partington 等关于"Brain Drain Tax"[①]的呼吁始终没有得到任何一个发达国家的丝毫回应。

二、分类过细导致不同类别的技术移民标准之间交叉重叠，且调整过于频繁

西方技术移民政策的演进过程既是人才地位与作用不断提升的过程，也是各种利益集团博弈的过程，并且带有政党政治的特征。因此，技术移民制度的内容丰富、形式完整，堪称面面俱到，但缺乏系统性和内在

---

① Sen A. Brain Drain: Causes and Effects[J]. *Science and Technology in Economic Growth*, 1973; Martin Partington, the Brain Drain Tax Proposal: A Lawyer's View, in: *World Development*, 3, 10, 1975, pp. 717—749.

关联性，很多国家的技术移民政策甚至带有显著的叠加、拼凑、雷同痕迹。美国最为典型。

一方面，从技术移民的申请途径来看，美国没有独立技术移民类型。但同时，杰出人才、杰出教授或研究人员及公司高管人才即职业类移民的第一优先人员申请永久居留签证，不需要经过劳工部门办理劳工证、接受劳动力市场测试。另外，如果申请者证明自己的才能符合美国国家利益，如其从事的工作领域将会对美国发展带来巨大利益，则也可以获得豁免。事实上的独立技术移民的出现，使雇主担保要求大打折扣，也带来了实际操作层面的主观倾向。

另一方面，技术移民的基本分类标准不属于同一维度。显然，永久居留类与短期居留类按照时间长短划分，但学生签证按照身份划分，与前两类由于不属于同一维度，因此，必然会产生交叉情形。比如，J 类签证适用于赴美国交流访问、在职培训、专业培训和从事研究工作的外国专家和访问者，与用于优秀教授和研究人员申请的 EB-1B（又名 EB-1-2）签证类型极易混淆。造成这种情形的原因非常复杂，但频繁的政党轮替及政策修订与叠加造成的混乱不可忽视。

此外，加拿大、澳大利亚均涉及省提名担保类型，并且另设豁免条款，在联邦技术移民与省提名担保技术移民之间的交叉情形同样突出，不仅导致申请人产生困惑，而且导致联邦政府与省（州）政府之间的长期博弈。在多党制的背景下，上述博弈往往带有鲜明的党派利益色彩与特定利益集团的利益诉求，甚至在西澳大利亚州、魁北克省等地带有高度敏感的区域文化与特殊地缘利益倾向，并时常被地方性政治势力作为争取联邦层面特殊权益的借口。

三、技术移民政策时常被某些利益集团绑架，甚至沦为政党政治的工具

由于通常将技术移民政策与其他劳务移民政策相衔接，因而使各种经济主体及工会组织的发言权大增。澳大利亚较为突出。自 20 世纪八

九十年代以来，澳大利亚压力集团在改变移民政策方面的作用越来越大。其中，工商界是最重要的压力集团。它通过人口增长获得巨大的经济利益，尤其在住房、教育和建筑行业；拥有雄厚的资金和巨大的影响力，通过政治选举、舆论引导等方式对澳大利亚政府施加压力，要求实施扩张性的移民计划。最具代表性的是代表澳大利亚工商界利益的澳大利亚工商业联合会。[①] 在霍华德政府执政期间，总体上实行的是扩张性的移民计划，澳大利亚政府移民计划人数保持稳定增长，但一些议员和政客对此仍不满足。2006 年 10 月，澳大利亚著名的居民住宅开发商、澳大利亚顶级地产品牌 Meriton 的创始人哈里 · 特里古波夫公开呼吁"大规模增加移民"，力争到 2050 年总人口达到 1.5 亿人。他说："国家公园应该让位于住房建设……移民可以带动澳大利亚住房和建筑等相关产业的发展，因此，我们应该在这些地方进行建设，以繁荣澳大利亚住房市场。"[②]在政党政治方面，近年来美国比较突出。2004 年，美国总统大选中首次出现围绕印度裔软件人才签证配额的争议，随后的历届总统大选均涉及移民政策，包括技术移民政策。

四、沿袭劳务移民政策思路，使技术移民制度设计的路径与目标偏离

传统移民国家的技术移民政策源于人口移民政策，欧日发达国家和地区的技术移民政策普遍受到老龄化、低生育率、少子化等人口因素的影响。因此，积分评估、职业清单、劳动力市场测试等相辅相成，成为发达国家技术移民制度设计的基本环节。加拿大于 1967 年最早创设了积分制。进入加拿大获得枫叶卡和国籍，需要通过一定的移民积分办法。这种积分办法根据移民申请者的多种条件打分。总分 100 分，通过分数为 67

① 张秋生：《澳大利亚移民政策调整主要制约因素探析》，《淮阴师范学院学报》，2017 年第 5 期。

② Clennell A. Triguboff: Let's Trade Trees for Homes[N]. *The Sydney Morning Herald*, 2006-10-11(3).

分,包含年龄、学历、工作经验等方面的评分项目。

澳大利亚和新西兰在 20 世纪 70 年代末先后借鉴了加拿大的积分制。美国的 2019 年移民改革方案正式采纳了积分制。从此,所有的传统移民国家均采用积分制。从 2008 年 6 月 29 日起,英国参照澳大利亚的做法,合并了以前的 8 类移民,实施“五级积分制”。其中,Tier1 属于高技术移民,Tier2 属于技术工人,Tier4 属于学生签证。2012 年 5 月,日本正式导入“高端人才积分制”,对学历、年收入、年龄、知名度或杰出贡献等进行打分,分数达到 80 分以及 70 分的外籍人才,分别在日本居住 1 年、3 年即可申请永久居留。需要注意的是,发达国家在实施积分制的过程中有两种情况:一是通过积分实现劳动力市场与人才市场的对接,以及不同层次人才之间的对接;二是通过量化打分选择性移民,但不一定属于累计积分,可能直接属于独立技术移民。

我国虽然面临出生率降低、人口老龄化、劳动力规模缩小等问题,但劳动力总量仍近 9 亿人,劳动力资源丰富,不需要像一些西方发达国家那样,通过大规模地引进技术移民来增加普通劳动力。① 因此,《外国人在中国就业管理规定》(劳部发[1996]29 号,2017 年修订)、《外国专家来华工作许可办理规定》(外专发[2004]139 号)、《外国人在中国永久居留审批管理办法》均未涉足积分评估制,而只是规定了申请人的资格和条件,然后分别由劳动、外国专家和公安出入境管理部门审核并签发相应的工作许可和出入境类证件。这一做法符合我国的基本国情和国家利益,在后续的外籍人才移民制度设计中需要保留。

---

① 宋娇莹:《发达国家技术移民制度的内在逻辑与启示》,《武警学院学报》,2021 年第 7 期。

第三章　多元一体全球化阶段的国际人才流动新范式

新自由主义全球人才配置是世界政治经济格局演变过程中的阶段性产物，具有典型的过渡性特征。相较于冷战时期而言，传统西方国家与其他国家之间的人才流动提速，有关国家各得所需，但人才资源配置的均衡体制从未形成，国际人才市场失衡的格局并未改变，甚至有所加剧。西方发达国家尽管曾牢牢掌握着国际人才的评价与定价权以及最新的国际人才数据权，但信息科技革命改变了人才的需求维度与集聚指向，进而改变了国际人才的流向与流量，也深度改变了西方国家在科技—产业—人才资源配置中的角色与地位。西方主导的新自由主义国际人才流动体系面临转型。以 2019 年 5 月的美国移民新法案和当年 11 月美国参议院关于中国人才招募计划的听证会为标志，西方发达国家率先摒弃了新自由主义技术移民制度，陆续出台颇具民粹色彩的民族主义技术移民政策，直指与新兴高科技相关的 STEM 人才，包括外国理工科留学生，全面压缩劳务移民、亲属随迁甚至难民配额，遑论自由迁徙、人权等意识形态高调。美国进而发起了对华人才攻击，联手其他盎格鲁—撒克逊国家，竭力通过构筑“小院高墙”形成新版的“瓦森纳协定”。本国优先的西方技术移民政策调整诱致全球人才大变局，但其深层根源在于信息科技革命的一个全新的全球化历史阶段的呈现：多元一体全球化。

第一节　多元一体的全球人才配置新机理

西方主导的新自由主义全球化延续了 20 年左右。自 2007—2009 年危机以来,源于里根—撒切尔主义的新自由主义经济全球化的动力机制失灵,人类正在进入“多元一体”全球化的历史新阶段。这是新自由主义全球化与人类命运共同体的中间阶段,也是研判未来国际人才流向与流量的主要依据。

一、全球化进程进入新阶段,信息科技革命成为主要驱动

针对新自由主义全球化自 2007—2009 年以来出现的各种新现象、新问题,国内外学术界从各个角度进行了解读与剖析,出现了“有限全球化”①“新型全球化”②“慢全球化”③“半全球化”④等各种说法,力图通过纷繁芜杂的表象揭示规律性、趋势性的特质。全球化是对一种历史趋势的判断与界定,因此,需要首先解决的基本问题包括两个维度:一是全球化进程能否延续;二是全球化进程延续的新动力机制是什么。

(一)全球化是非常漫长的历史进程,并以全人类的共同发展为终极目标

“全球”是一个空间范畴,意指世界各地,在威斯特伐利亚体系中,起码是绝大多数国家和地区。“化”描绘的是一个转型过程,它本身是动态的。“全球化”特指某种事物或现象由世界某个或某几个地方向全球各地扩散、推广并被逐步接受的过程。至于源于某个地方还是某几个地方,主要取决于技术层面的驱动。它不具有静态形式,从而不能将其前因抑或

---

① 胡慧茵:《专访郑永年:RCEP 是包容性的多边主义 中国应把握“有限全球化时代”的机遇继续深化开放》,《21 世纪经济报道》2022 年 4 月 25 日;李敏:《有限全球化时代的科研合作》,《国际人才交流》2022 年第 3 期;郑永年:《有限全球化:世界新秩序的诞生》,东方出版社 2021 年 4 月版。

② 高杨:《人类命运共同体理念与新型经济全球化愿景》,《西北民族研究》,2022 年第 2 期;熊光清:《新型全球化的兴起及发展趋势》,《人民论坛》,2021 年 5 月(上);李稻葵:《新型全球化与“十四五”的发力点》,《理论导报》,2021 年第 3 期。

③ 倪月菊:《“慢全球化”时代到来了吗》,《党员文摘》,2019 年第 9 期;窦佼:《透视经济“慢全球化”现象》,《中国金融》,2019 年第 9 期。

④ 张嵎喆:《世界经济正处于半全球化时代》,《中国经贸导刊》,2013 年第 15 期;张文伟:《“全球史观”视域下当代世界历史的“半全球化”特征》,《广西社会科学》,2013 年第 10 期。

后果等同于其自身，更不能将某一个具体的历史事件放大。具体而言，关于全球化的开端，有四个神话必须打破：一是开始于地理大发现，二是开始于工业革命，三是开始于“世界市场”（实质上是近代西方主导的国际市场）的形成，四是开始于第二次世界大战结束。上述历史事件均属于全球化进程中的重要事件，但均不具有全局性意义。归根到底，全球化需要全球范围内的力量主体共同推动，我们不能简单地将区域范围内的国际交往混同于全球化进程，否则，对全球化的任何研究必将失焦，并将意识形态化。冷战的终结宣告了意识形态全球对抗的结束和计划经济模式（国家垄断社会主义）的瓦解，从而使全球化第一次具备了基本条件，世界范围的普遍交往在各方自主自愿的基础上得以开始，人类才初步迎来了全球化的正式开端。很多关于全球化开端的争执本身就隐含着各种倾向性观念，从而掩盖了它的中性特征。它既不反资本主义，也不反共产主义，不能为了支持或反对全球化而主观地将其意识形态化。

全球化的实质是世界普遍交往的过程，经济全球化则是全球普遍经济交往和资源配置的过程，它本身是中性的。[①] 事实上，正是意识形态对抗时代的结束使西方阵营与非西方国家共同认可了全球普遍交往的必要性，从而为真正意义上的全球化第一次提供了历史可能。相应地，经济交往是人类普遍交往的基本形态，经济全球化成为冷战后全球普遍交往的主要形式，但冷战后的全球化进程远远超出了经济层面。如果无视人类社会在科技、文化、卫生、体育等领域日趋频密的交往过程，就无法发现西方国家驱动力削弱之后的全球化动因，更无法判断全球化的可能前景。新自由主义经济全球化进程遇阻的主要问题不是全球化，而是西方发达国家主导的新自由主义难以为继，无法一如既往地为西方发达国家提供所预期的经济回报并延续其国际政治经济主导地位，但全球化将向更深、更广发展，新全球化浪潮的出现将不可避免。[②] 归根到底，全球化进入了

---

① 高子平：《全球化的中性特征》，《上海市社会科学界第五届学术年会文集（2007 年度）》，上海人民出版社 2007 年 11 月版。

② 熊光清：《“逆全球化”阻挡不了全球化进程》，《人民论坛》，2019 年 5 月中。

动能转换阶段，进入了西方自由主义主导地位的衰退阶段，而更深层次、更多维度的全球化历史进程才刚刚开始。从人类历史演进的高度来看，西方主导的新自由主义全球化只是人类社会共同发展进程中的一个短暂篇章，并且重犯了将全球化进程意识形态化的错误。随着越来越多的国家和地区深度参与这一进程，西方的主导地位必然会逐步丧失。

（二）新一轮科技革命和产业变革是全球化的新驱动，并为所有国家和地区提供了前所未有的参与机会

自 20 世纪 90 年代的“新经济”以来，人类生产力发展的前沿开始从工业体系的自动化转向信息化。在 IT 和 ICT 产业的持续推动下，人类逐步进入互联网时代，并沿着 2G、3G、4G、5G 的路径迭代传统工业，甚至正在分头谋划 6G，由此衍生了一系列以信息本身为核心的新兴技术和相应的新兴产业。信息产业化和产业信息化相互交融，一场持久而深刻的信息革命迄今未已。信息革命不仅深度改变着人类的生产方式、生活方式和思维方式，而且成为新一轮科技革命与产业变革的原动力。归根到底，新一轮科技革命就是信息科技革命。基于全球网络空间这一全新的虚拟背景，大数据、云计算、物联网、人工智能、区块链、元宇宙……层层叠加、环环相扣，科技发展的基本范式发生了历史性变化，科技创新成为经济社会发展的新引擎，而不再仅仅是提高工业生产效率和工业产品质量的渗透性因素。换言之，人类社会发展主要依靠的不再是人口、土地、自然资源等，而是高度依赖于科技创新。

科技创新的主体是人的才智（主体性存在）。经济社会发展所需的资源禀赋开始发生根本性的变化，人的地位与作用前所未有地凸显，人才成为创新要素的主要载体和耗之不竭的关键资源，并诱致全球人才大变局。从理论上讲，全球大变局首先源于科技发展范式的改变，沃勒斯坦等人曾经所谓的“核心-半边缘-边缘”的传导机理难以为继，基于全球知识网络的虚拟互联、多点突破、多向传导，从根本上改变了学术一教育一研发资源及成果的梯次式空间分布及基于物理介质的传播路径，影响的不仅仅是科技资源及产业优势的空间分布，而且关系到西方数百年优势的存续

问题。当前，信息科技革命深刻影响着全球几乎每一个人的生活、每一个机构的发展和每一个组织的运行，并最终影响着每一个主权国家的命运。面对前所未有、来势凶猛的信息科技革命，西方发达国家与其他所有发展中国家站在同一起跑线上，信息科技革命的诸多新特质敲响了西方科技及优势产业的警钟，并导致长期拥有绝对优势的西方朝野各界罕见的集体焦虑，美国尤甚。

如今，科学与技术的传导机制发生了改变。原创性的科学发现依然可以带来一系列应用层面的科学发明，但技术层面的创新与突破同样可以催生原创性的科学发现，而且可以通过大科学设施的创设为原创性的科学发现拓展渠道，并因大科学设施的跨学科、跨专业、跨领域特质而改变基础科学研究的领域选择、主攻方向和结果生成。科学发现促进技术发明的单向度传导机制演化为科学与技术的互动机制，科学与技术之间的级差开始消失。另外，全球知识网络促使科技发展与产业发展之间的传导机制发生改变，科学技术与产业发展、社会进步乃至人的日常生活之间的互动关系逐步建立，社会需求不仅是客户端，而且开始成为引导技术发明甚至科学发现的重要源头，亦即世俗社会的需求导向开始直接影响科技发展的源头，改变各种原创性科学发现的主观意愿，科技与产业、社会、消费端之间的距离显著缩短，其中的标志性事件就是贝尔实验室的关闭。

二、全球知识网络：全球化新阶段的底层架构

基于信息科技革命的全球网络空间（虚拟空间）不仅改变了社会时间，而且改变了社会空间，造成时空高度压缩，正在加速改变并深刻影响当今世界全球化的发展进程与走向，使人们逐渐认识到当今世界的全球化已不再只是一种思想观念，而是由时空高度压缩带来的重要发展趋势。在时空高度压缩（High Compression of Time-space）的社会时空框架体系中，基于牛顿“绝对时空”概念的自然科学基础及相应的工业革命的运行机理将难以为继，依据“物理空间”（Space of Place）的逻辑进行知识传

播并构建社会体系的传统路径失灵,基于"流动空间"(Space of Flows)[①]的全球知识网络开始冲破"时间的阻隔与空间的迟滞"。[②] 世界范围的大空间已经不仅如麦克卢汉所说的那样成为一个"地球村",而是已经可以被浓缩成为类似于数学意义上的"点"或黑格尔视阈中的"点性化"(Punktualitat)。由当代信息技术所带来的社会时间变化在其中发挥了根本性作用。倘若没有通信、计算机以及互联网等当代信息技术的蓬勃发展所带来的时间的压缩性巨变,"虚拟空间"与"地球村"则均无法实现。归根到底,全球化就是社会时空压缩在世界范围内的重要呈现,是一种由当代信息技术引发的社会时间压缩带来的社会空间的压缩。[③] 其中,全球知识网络扮演着关键性的角色。

自近代以来,西方发达国家不仅是全球知识传播的源头及高端科研的核心地带,而且是产业链的上游,以及高层次人才的主要培养地和集聚地,在国际人才流动中长期占据着主导地位。以西方为中心的地缘性知识网络不仅营造了特有的人才生态,而且对各国人才(包括准人才)形成了"虹吸效应",以至于国际人才流向长期定格为殖民地向宗主国的流动,以及后来的发展中国家向发达国家的流动。即使采取"超国民待遇"等方式,后者往往也只能取得部分引进成效,无法实现根本性的流动均衡。正由于身处知识网络的核心地带,西方发达国家牢牢控制着国际人才标准、国际人才市场的定价权以及相应的话语权。

肇始于信息化的新一轮科技革命和产业变革不仅深刻改变了近代西方传统的科技发展模式和产业演化路径,而且诱致知识网络的结构性重塑,导致更深层次、更广范围内的全球人才大变局。相对于现实的物理空间,网络空间具有虚拟性、开放性、多元性、即时性、作用距离远、传播速度快等特性,致使传统意义上的知识网络置身于现实与虚拟的二元空间之

---

① 〔西班牙〕曼纽尔·卡斯特:《网络社会的崛起》,社会科学文献出版社 2001 年版,第 530 页。

② 《马克思恩格斯全集》第 46 卷(下),人民出版社 1980 年版,第 46 页。

③ 欧阳英:《解析当今世界全球化:一种哲学思考》,《山东师范大学学报》,2022 年第 1 期。

中，真正意义上的全球知识网络由此形成，并且具有鲜明的无标度(Scale Free)特征和网络涌现中的优先连接(Preferential Attachment)机制。[①] 全球知识网络不仅拥有更多的传播介质，而且其中的每一个知识节点都演化为网络主体。不同网络主体基于知识交互行为而缔结网络联盟，网络联盟推动主体在更大范围内获取所需的异质性知识，实现联盟整体更大的价值创造。全球人才大变局是知识网络的底层结构及传导机制改变的结果，国际政治纷争及各种反向思潮只是表象而已。全球网络空间的形成为知识在最大范围内的传播与交互提供了平台、介质与途径。知识网络可以通过个人、群体和组织各个层次的知识创造与传递实现价值创造，提升组织的竞争优势，并将带来以下几个方面的深远影响：

第一，传统地缘性的知识网络(及知识主体)之间的竞争加剧，但这一竞争的过程同时也是相互融合的过程，亦即全球知识网络的形成过程兼具竞争性与融合性，这与以往基于地域(物理空间)的知识网络竞争的格局迥异。从理论上讲，全球知识网络不存在完全意义上的“断裂”“脱钩”“分离”的可能。

第二，全球网络中的知识加速流动、更新、集聚，并借助各种虚拟介质或者传统介质的虚拟化形态形成新的传播渠道。在全球网络空间中，不再是特定形态知识形成之后借助于有形介质传播，而是在虚拟交互过程中形成新的知识，知识形成过程与知识交互过程重叠。换言之，交互过程不再是单纯意义上的不同物理空间之间的知识传播、溢出与扩散，而是各类新知识的生产、更新、提升的过程。

自改革开放以来，我国通过大规模派遣出国留学人员、吸引海外人才回流、聘请外国专家、引进国外项目等途径，逐步参与了国际人才市场交易，同时也嵌入了全球知识网络。但总体来看，这种嵌入是单向度、不对等、不稳定的。全球知识网络在传统地缘性知识网络的基础上形成，但对传统地缘性知识网络的侵蚀与重塑远超西方的预期。西方始终是传统地

---

① Barabási A—L，Albert R. Emergence of scaling in random networks [J]. *Science*，1999，286(5439)：509—512.

缘性知识网络的核心区域甚至主体,但全球知识网络的形成与演化本身就是知识在全球范围内的重新分布与再配置。而且这种分布的规则、指向与路径等不再完全取决于西方发达国家,各类新兴经济体尤其中国扮演着更趋重要的角色。

正由于全球知识网络的全域开放性与泛在化、扁平化,使知识—信息的单点、单向传播演化为多点、多向传播,网络结构比其他形式的结构更有利于促进知识的创造和应用进程。通过国际人才交流包括人才标准的交流,不仅能使新兴经济体和其他发展中国家在全球知识网络中获得更佳位势,而且能够开发出更为契合经济科技发展需求的人才标准、服务流程及相关的创新内容,并为世界各国共同参与全球知识—学术—科研信息资源配置、立足全球网联优秀人才提供技术保障,有效破解西方发达国家对中国等复制对苏联进行“人才隔离”的伎俩。

三、多元一体:全球化新阶段的基本属性

作为涵盖经济、社会、科技、文化等多个维度的漫长历史进程,全球化在不同时期具有不同的历史形态,而不同形态的全球化赋予不同国家的利益和风险也不均衡。[①] 当前,以西方发达国家为经济全球化主导力量的时代已经一去不复返[②],以致各界惊呼“世界进入现代版的春秋战国时代”[③],但科学技术的不断发展和世界普遍交往的不断增强,必然会推动全球化向更深、更广发展,新全球化浪潮的出现不可避免,尤其以信息通信技术为代表的新一轮科技革命和产业变革的兴起,客观上加速突破各种贸易保护主义的壁垒,促进新的国际分工体系和世界经济格局的形成。因此,新型的全球化必然是为了打破和消解资本主义主导的“中心—边缘”结构,摒弃依附型的世界体系,避免再次出现世界霸权秩序,构建一个

① 汪亚青:《逆全球化兴勃的逻辑机理、运行前景与中国方案的政治经济研讨》,《中共南京市委党校学报》,2019 年第 4 期。

② 李罗力:《经济全球化迈进 3.0 新时代》,《全球化》,2022 年第 1 期。

③ 马晓霖:《拜登首访中东已无足轻重》,《联合早报》,2022 年 7 月 16 日。

去中心化的更加平等互利、包容互鉴的世界①，形成多元一体②的发展格局及相应的全球史观。

（一）人类社会将继续全球化进程并最终形成共同体，历史唯物主义的全球史观是最主要的理论渊源

西方现代化理论形成于20世纪60年代，是美国学术界为摆脱殖民统治的第三世界人民提供的区别于苏联模式的发展路径，本质上就是向新兴民族主义国家贩卖美国的政治经济秩序和意识形态模板。自20世纪80年代以来，里根—撒切尔经济学掀起的新自由主义浪潮进一步充实了西方现代化理论的内涵，并因苏东阵营的瓦解而增强了理论吸引力，使中国等大批发展中国家在承载巨大的发展压力包括人才外流压力的前提下参与到西方主导的全球资源配置包括人才资源配置体系之中，融入了西方新自由主义的全球化秩序。但是，西方现代化理论并非以普遍经验为据，既是非历史的，也是非科学的，所以在实践中不断被证伪。尤其新自由主义在全球推广了30多年之后，世界发展越来越不平衡，发达国家与发展中国家之间的差距持续拉大，对西方现代化史观的质疑之声不绝于耳，而其中最具颠覆性的就是全球史观。

全球史观就是超越民族国家的狭隘视野，从宏观角度将全人类作为整体加以审视的史学方法，历史唯物主义的全球史观由马克思和恩格斯开创。在《德意志意识形态》《共产党宣言》《资本论》等一系列著作中，马克思和恩格斯反复指出，16世纪开始了一个资本主义、现代化、全球化"三位一体"的人类历史新纪元。在这个新纪元，资本连缀起一个现代世界，在这个世界中，每个国家的命运都与其他国家的命运相关联，这意味着世界是作为一个整体进入现代化航程的。如果说世界是一个大系统，

---

① 孟佳：《"一带一路"引领新型全球化发展》，《学习月刊》，2019年第4期。

② "多元一体"概念由费孝通先生于1988年最早提出，用于描述中华民族的形成过程及现状，随后被国内学术界广泛接受并进一步演绎，成为解决中国自身民族问题的重要理论。"多元"与"一体"相辅相成、一体两面。前者是源泉，并在一体化之后成为共同体的丰富内涵，后者是凝聚前者的独特共同体，并为多元化的永续发展提供更为丰富的资源与庇护。

各国乃是子系统，子系统的运转不可能脱离大系统，同时还彼此之间互动。[①] 当前，移动互联、人工智能、清洁能源、物联网以及虚拟现实已经陆续进入产业实践，第四次产业革命也呼之欲出，这势必与前三次产业革命一样，将会催化世界更加紧密地联系在一起，这才是全球化发展的大势。[②] 简言之，信息科技革命为新一阶段的全球化提供了动力转换机制，使未来全球化的深入发展建立在新兴高科技及全球知识网络的基础之上，而非传统工业经济时代的物理层面的网络体系及基于物理空间的传播（传输）体系，这是近代西方工业革命以来前所未有的发展态势。

学术界先后提出了“地球村”“全球化”“共同体”等概念，试图描绘人类未来的发展图景。这些概念在内涵上相近相似，在逻辑上相因相承，指向同一个方向，即人类社会的共同发展与融为一体。其中，“地球村”是“全球化”的具象体现，是物理空间上的效应；“共同体”是全球化的抽象升华，是人文空间上的融合；“共同体”是全球化的必然结果，也是主观共识愿景。[③] 因此，新一阶段的全球化就是由新兴发展中国家与一些资本主义国家积极推动的由单方面主导的全球化向更加全面的全球化转变的全球化。新全球化的根本价值理念就是顺应历史潮流，构建人类命运共同体。[④] 西方主导的新自由主义全球化为真正意义上的世界市场的形成奠定了基础，但信息科技革命彻底改变了物理层面的中心一边缘关系结构，导致世界发展严重失衡的单一西方中心难以为继，必将形成多中心并存的“环形一向心”结构[⑤]，进而为“多元一体”全球化的深入发展提供全新的底层逻辑，并因信息科技革命的自身特质而超越工业经济时代“非此即彼”零和博弈的传统逻辑，使不同主体的共同发展不仅具有竞争性，更具

① 刘新成：《全球视野与现代化多重道路》，《民主》，2022 年第 1 期。

② 赵放：《全球化深入发展大势不可逆》，《东北亚论坛》，2018 年第 5 期。

③ 李丹：《构建人类命运共同体——中国的全球化理念与实践》，《南开学报》，2022 年第 2 期。

④ 王泽应：《当代世界逆全球化现象的伦理审视》，《中州学刊》，2019 年第 1 期。

⑤ 刘洋：《人类命运共同体对全球现代化的中国重撰》，《思想政治课研究》，2020 年第 2 期；杨宏伟：《人类命运共同体的结构及其建构》，《教学与研究》，2018 年第 11 期。

有协同性与兼容性。人类文明的多样性特征决定了，世界不同国家和地区以不同形式和途径的共同参与是实现真正意义的全球化的前提，也是构建人类命运共同体的基本条件。图3—1为全球化进程的内在逻辑演进图。

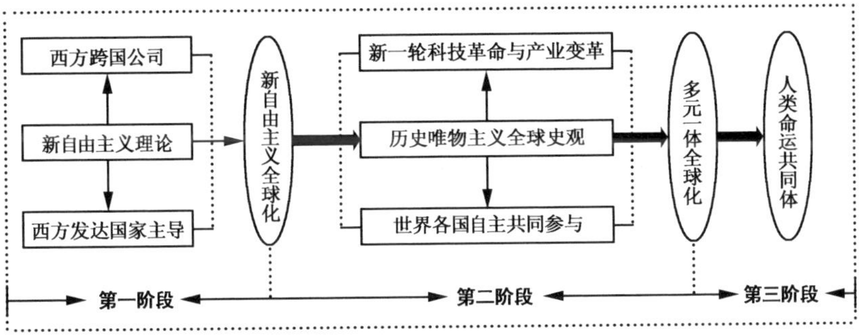

图3—1　全球化进程的内在逻辑演进图

自2018年美中贸易战、人才战以来，国内外各界对于全球化的走势有着各种研判，其中，国外关于“新冷战”的讨论最多。自爆发乌克兰战争以来，我国国内也出现了关于“大裂化”（Cracking）[①]的预测。事实上，无论是当代国际政治格局的裂变，还是世界经济版图的挪移，均以全球网络尤其全球知识网络为共同空间，信息科技自身的特质决定了国际政治格局与世界经济秩序调整的方向、重心及幅度，各类非国家行为体的涌现更使国际交往进入了前所未有的频密状态，以至于国家间关系很难用传统的合作、竞争、博弈、断裂等词汇进行一目了然的描绘。全球知识网络的多点发力、多向传播特质更是为人类最终融为一体提供了史无前例的底层逻辑，并随着互联网向物联网、人联网（脑联网）的技术递进而彰显其不可分割性，为全人类的共融共生、共同发展提供更为广阔、兼容、互利的二元宇宙。相应地，基于信息科技革命的全新底层逻辑决定了未来全球人

① 闫琪：《专家学者共议世界变局下的“大裂化”趋势》，中国社会科学网，2022年5月22日；《人大重阳：“大裂化”——俄乌冲突后，全球经济新冷战评估与防范》，观察者网，2022年5月24日。

才流动与配置的内在机理。

(二)包括西方在内的多种力量并存且共同发展,全球化的主导力量趋于多元

美国经济实力的下降与其他国家和地区经济实力的上升直接导致"一个中心的削弱和多个中心的崛起"。全球化的发展态势最先在经济领域呈现"多元化"趋势①,包括中国在内的大批新兴经济体和发展中国家也将扮演更加积极的角色。针对全球化与全球治理出现的新问题,中国还提出了构建人类命运共同体的中国方案。"人类命运共同体"一词最早可见于 2011 年,时任总理温家宝访问日本地震灾区时提出"在自然灾害面前,人类是命运共同体"。2017 年 10 月,"构建人类命运共同体"写入中国共产党章程。作为对这一重要理念的具体实践,"一带一路"的内涵、路径及其逻辑选择便能避免不同文化、不同地区、不同国家之间的单向度、不平衡发展,是当代全球化再造的另一种模式探索②,为多方参与并共享提供了历史平台。

当然,美国不仅是新自由主义全球化的主导力量,而且是多元一体全球化阶段的重要参与方,不能简单地将特朗普政府至今的一些做法简单地归结为"逆全球化",充其量可以称之为单边主义的"排他性全球化"。③特朗普政府图谋重新构建有利于美国的国际经济秩序,而不是退出全球化。④ 拜登政府推出的所谓印太经济框架(IPEF)就是对其前任战略设想的具体尝试,并进一步说明,美国反对的是不符合美国利益的全球化,不满的只是现行国际规则之下的全球化。在背离某些现行多边机制的同时,美国也在通过各种途径重塑全球规则,包括美国国内法的输出(长臂管辖)、双边协定范本的推行以及区域性条约的影响力的扩展。⑤ 可见,

---

① 王秋艳:《从"全球化"到"逆全球化":资本空间生产的限度及超越》,《宁夏社会科学》,2019 年第 2 期。

② 史冬冬:《超越西式全球化:"一带一路"与全球化再造》,《厦门大学学报》,2022 年第 2 期。

③ 李向阳:《特朗普政府需要什么样的全球化》,《世界经济与政治》,2019 年第 3 期。

④ 赵放:《全球化深入发展大势不可逆》,《东北亚论坛》,2018 年第 5 期。

⑤ 车丕照:《是"逆全球化"还是在重塑全球规则》,《政法论丛》,2019 年第 1 期。

特朗普政府寻求的是“再全球化”或构建由美国主导的新型全球化。[①] 尽管拜登政府继续力图借助于俄乌战争、印太经济架构、AUKUS 联盟等途径，强化美国主导的国家集团体系，提高美国的领导力和全球资源整合与调配能力，但包括中国等新兴经济体和发展中国家在内，更趋平等、均衡的多元力量并存，将成为多元一体全球化运行机制的重要基础。

第二节　多元一体的全球人才流动新范式

多元一体全球化的内在驱动发生了变化，并为所有国家包括西方发达国家提供了更为公平、开放、多样的发展契机。中国等新兴经济体需要从新自由主义全球化阶段西方主导的国际人才流动与配置体系，转向多元一体全球化阶段的人才自立自强，进而实现科技自立自强。相应地，引进与培养之间的关系、赴外留学与本土培养之间的关系、引才与引智之间的关系等均需进行调整。

一、人才内涵与外延的主要变化趋势

人才是中国本土的特有词汇，是中华传统文化背景下形成的专有概念，源自《易经》的“三才之道”。[②] 春秋以来，天下大变，宗法松弛，士人辈出，中国迎来了历史上第一次高度重视士人（人才）的时代，各种人才思想、理论、主张也呈百家争鸣之势，并在两汉通过察举和征辟之法选拔官吏的基础上，形成了古代中国人才思想的第一部扛鼎之作《人物志》（三国・刘邵），人才研究也成为传统中国文化史的一个支流，但其核心思想

① 李向阳：《特朗普寻求的是排他性全球化》，《世界经济与政治》，2019 年第 3 期。

② 人才最早源自《易经》的“三才之道”，即孔子及孔门弟子的《易传》讲：“《易》之为书也，广大悉备。有天道焉，有人道焉，有地道焉。兼三才而两之，故六。六者非它也，三才之道也。”汉代王充的《论衡・累害》曰：“人才高下，不能钧同。” 晋代葛洪的《抱朴子・广譬》曰：“人才无定珍，器用无常道。”《北史・崔亮传》记载：“立中正不考人才行业，空辨氏姓高下。”唐代刘知几的《史通・叙事》曰：“故知人才有殊，相去若是，校其优劣，讵可同年？”明代高攀龙的《答袁节寰中丞》曰：“今天下难联者人心，难得者人才，难鼓者士气，得老公祖（袁可立）一点真精神不难矣。”

始终是(帝王)用人之术。改革开放之后,我国各条战线上都急需人才,现代社会意义上的人才学得以创立,并且对人才的内涵和外延进行了各种阐释与演绎。简言之,"人才"就是相对可以做出更大贡献的人,并被赋予了特定时代的德行要求。无疑,在农业社会和工业社会,"人"是载体,"才"是内涵,"才""人"合一,"才"依附于"人",人才的分布与流动等同于"才"的分布与流动,以至于"入楚楚重,出齐齐轻,为赵赵完,畔魏魏伤"(王充:《论衡・效力》)。但在信息科技革命的背景下,不仅知识、技术传播介质的改变为"才""人"分离提供了技术支撑,使虚拟集聚、远程办公等成为现实,而且智能化进程正在深刻改变人才的基本形态。

(一)生产过程智能化(智能制造)、共享化的趋势对人才的知识和能力水平提出了全新的要求

所有可编程(程序化)的劳动均可通过物理介质进行储存,从理论上讲都将被替代,难以被人工智能技术取代是人才(人类智能)的根本特质。相应地,未来只有不能被人工智能所替代的劳动力才称得上是真正意义上的人才。[①] 思想性、理想性和想象性是未来人才形态的基本内涵,也是无法被程序化、智能化亦即无法被替代的核心内容。同时,创新形态的变化及大科学时代的到来,使人才的知识—能力结构复合化(或者说"多专业化")成为最新趋势,使人才的内涵更为丰富、流动成本与风险更大、职业周期更短。

(二)人才资源的类型发生了变化

按照大数据时代的云端组织模式,产业边界和组织边界被打破,基于网络的协同创新与大规模人才协作成为可能。工业经济时代根据产业形态而进行的岗位划分(经营、管理、研发、生产等)及所形成的人才结构难以满足新兴产业发展需求,传统人才结构正在发生变化。与新一轮科技革命直接相关的新型科技人才的兴起是这一时代的重要标志,如大数据人才、人工智能(机器人)人才、增强现实人才、虚拟现实人才、互联网金融

① 高子平:《不能被人工智能替代的才是人才》,《解放日报》,2016 年 9 月 26 日。

人才等，尤其在激烈的国际科技竞争（特别是中美高科技角逐）中，大数据人才、人工智能人才、区块链人才等新型科技人才已经成为全球人才大争夺的新焦点。在美国进一步收紧人工智能、量子通信等高科技领域国际交流合作政策的背景下，上述争夺必将更趋激烈。新型科技人才群体的形成、分布与流动直接决定了全球创新资源的空间布局，并因涉国运。

（三）人才资源的工作方式发生了变化

越来越多的人才不再依托传统意义（工业经济意义）上的有形经济组织开展生产活动，而是基于专业兴趣和自我实现的价值目标进行平台化的生产协作，以“个体化的知识生产者”（如创客）为代表的人才正在形成全新的工作方式和创新创业模式，以至于职业生涯缩短、流动性增强、岗位界限日渐模糊。2020 年，美国、加拿大等 15 个国家成立首个人工智能全球合作伙伴组织，对人工智能进行合作研究，并试图制定全球人工智能治理规则。在量子科技方面，美国发布《美国量子网络战略构想》，计划与他国共同研究量子互联网，延续其在信息技术方面的领先地位。[①] 才智发挥的形式和途径开始发生变化，短期化、开放性成为必须高度重视的新趋势，并因新型科技人才对动态价值的追求超越了传统科技人才的“安居乐业”诉求，对既有的政策设计思路提出了重大挑战。

二、平台集聚指向的形成与基于全球知识网络的柔性集聚

工业经济时代的国际人才集聚主要有两种指向：一是地域指向，即流向特定的地区，比如发达国家；二是组织指向，即流向特定的机构，比如跨国公司。随着全球网络空间的形成，国际化职业社交平台兴起，不仅通过网络途径与大批国际人才资源形成了垂直交互关系，而且实现了跨国人才资源的数据化。国际人才大数据的生成与聚合基于网络技术，却深植于跨国猎聘的市场交易之中。信息技术与市场利润的双重驱动使国际化职业社交平台获得了经久的发展动力，一跃而远超 FESCO Adecco、

① 施蒙：《国际人才流动有哪些新趋势》，《学习时报》，2021 年 12 月 24 日。

ManPower 等传统的国际猎头，成为国际人才市场格局变迁的主导者，也使国际人才大数据超越了传统意义上的官方人才统计，成为大数据时代人才信息存储与交易的最新、最基本的形式。基于大数据的人才资源跨境配置与国际市场交易重塑了国际人才市场的交易形态，并使供需信息不对称“顽疾”的影响降至最低限度。

(一)人才集聚的指向发生了重大变化(见表3—1)

基于平台的集聚(如离岸创业、泛在网络支撑下的协同创新等)广受欢迎，第三种人才集聚指向开始形成。此前，人才集聚主要有两种指向：一是区域(产业集群所在区域)指向，二是组织(跨国公司等)指向。当然，三者之间并非替代关系，而是在时间上继起、空间上并存。同时，平台集聚路径将深度改变工业经济时代的两种传统集聚路径，最终实现区域指向和组织指向在技术层面的数据化、平台化。

表3—1　　跨国人才集聚指向的变化

形态层面	新内涵	多专业化、能力结构复合化;非程式化(核心标准)
	新类型	“个体化的知识生产者”(如创客)开始涌现
	新生产方式	平台化的生产协作开始出现
路径层面	新指向	出现了平台指向，并深刻影响着传统的组织指向与区域指向
	新资源	国际人才大数据已经形成，人才信息资源成为国际竞争的新标的
	新模式	柔性集聚模式日渐成熟
效果层面	新效应	人才集聚与新兴产业集聚同步耦合，集聚的时间效应迅速凸显，并导致信息共享效应、知识溢出效应、创新效应等同步释出
	新需求	符合创新 2.0 的人才成为世界各国激烈争夺的主要目标
	新挑战	主权边界更趋“虚化”，人才安全(包括人才数据安全)上升为国家议题
	新机遇	基于平台的柔性集聚将直接推动共享经济在不同物理空间的同步发展，以及创新集群在不同区域的同步培育

（二）人才信息资源的掌握与数据挖掘成为推动跨国人才集聚的关键环节

掌控人才数据资源的跨国公司、国际猎头与国际化职业社交平台的影响力迅速增强，并从紧（仅）盯局部的人才数据转向对全局数据的获取与动态跟踪。其中，国际化职业社交平台俨然成为整合国际人才数据的新锐。相对于以往的国际猎头而言，国际化职业社交平台从事跨国猎聘的主要优势在于：一是与人才个体处于动态交互过程之中，而非单向度的信息采集与征询、传递；二是相应地，可以直接介入职业发展过程之中，甚至进行全流程的职业服务，而不仅仅是关注求职环节；三是基于动态交互数据进行人才交易前景研判，甚至可以发出各种预警并提前干预，从而大幅度提升对人才市场走势的影响力。

（三）柔性集聚模式日渐成熟，成为第四种跨国人才集聚模式

在工业经济时代，只有市场主导型、政府扶持型和单一计划型三种实体型的集聚模式。以往围绕"柔性流动"的探讨不具备特定的经济条件和技术手段，我国也曾踯躅于"政策灵活性"维度而不得其解，将人才资源的短期借用混同于柔性集聚。如今，全球网络空间基本形成，新一轮科技革命的信息化特质和新兴产业的信息化背景等使柔性集聚客观上具备了技术条件。需要指出的是，柔性集聚主要针对才智而不是人才本身，亦即遵循全球知识网络演进的基本规律，借助于最新的信息技术手段进行智力资源整合，但不涉及物理层面的人才流动。科技革命的发展为"引才"向"引智"的转变提供了技术支撑，也使中国等新兴经济体可以充分利用全球知识网络提供的历史契机，实现更加灵活的全球智力资源整合。因此，"柔性集聚"主要针对基于最新信息技术手段的智力整合，包含但不限于学术界长期论及的人才"柔性流动"。表 3－2 为国际人才集聚指向的新趋势。

表 3—2　　国际人才集聚指向的新趋势

基本特质	特征描述
平台化	人才供需匹配平台化；人才组织管理平台化 大型职业社交平台等成为国际人才资源供需对接的主要集散地
虚拟化	“个体化的知识生产者”（如创客）、人机协同等改变了人才的传统形态
分布式	“人”与“才”开始分离，地理空间的概念被打破
智能化	人与系统（人工智能）、人与工具、人与平台之间的协作等
场景化	人才数据的挖掘及人才资源的配置—使用过程不再是程式化、机械化的

三、新一轮科技革命对人才集聚效应的主要影响

（一）人才集聚与平台集聚同步耦合

基于网络的协同创新“消灭了时间的迟滞和空间的阻隔”，使源于区域差异或组织层级的时滞逐步消失，集聚的时间效应迅速凸显，并导致信息共享效应、知识溢出效应、创新效应等同步释出，而不再是工业经济时代的单向度继起关系。显然，通过促进人才集聚从而加快新兴产业集聚步伐成为实现科技自立自强的重要途径。

（二）各国的人才需求侧发生了改变

符合创新 2.0 的人才成为世界各国激烈争夺的主要目标，美国（2012、2019、2022）、英国（2014、2020）、日本（2014、2021）、澳大利亚（2015、2022）等均已调整了全球人才战略，强调面向新兴产业和新经济形态整合人才资源。一些国家猎头（如 Contact Singapore、Cesna Group、MaFoi、Headhunter 等）则借助于大数据在全球进行人才预测、评估与争夺。共享经济、平台经济与微经济三位一体，共同勾画新兴产业发展的未来，导致各国的人才需求侧趋于同质化。从理论上讲，全球各国几乎站在同一条起跑线上，普遍需要大批培养、大量集聚新型科技人才。

（三）很多国家面临着如何迎接信息科技革命的两难选择，并体现为技术移民政策的持续摇摆不定以及（或者）政策思路的自相矛盾

西方发达国家也不例外。全球人才资源配置的底层逻辑和技术基础发生了改变，对各国技术移民制度的顶层设计带来了前所未有的思想冲击和社会争论。

（四）相对于区域集聚对宏观环境的高度依赖，以及组织集聚对管理模式的高度依赖，基于平台的柔性集聚将直接推动共享经济在不同物理空间的同步发展，以及创新集群在不同区域的同步培育

尽管多元一体的全球化进程面临着诸多不确定性因素，但基于大数据的离岸创新网络构建及相应的柔性集聚成为现实的政策选项，只引才不引人的趋势明显。对于中国而言，实现从引才向引智的重心转移，已经具备了一定的技术条件和产业基础。

四、基于全球网络的柔性集聚模型及公式

“柔性集聚”一词最初主要讨论产业经济的空间布局。跨国人才柔性集聚主要探讨人才资源在全球网络空间中的分布、流动与集聚问题。根据新一轮科技革命与产业变革的基本特征和发展趋势，可以从人才的迁移决策、集聚指向、集聚模式和管理方式四个维度，对人才跨国柔性集聚的内涵与外延进行界定。首先，基于主体性与主动性的迁移决策正式形成，长期存在的各种被迫性因素大大淡化；其次，在传统的区域指向、组织指向的基础上，平台化的集聚指向正式形成并将居于主导地位；再次，基于全球网络空间的虚拟集聚正式成型，并且赋予其他类似的短期集聚形式以鲜明的虚拟特征；最后，管理方式的柔性化成为必然。不难看出，柔性集聚具有典型的全域性、主体性（个性化）、精准性等特征。正如国际化职业社交平台对传统猎聘机构的扬弃一样，柔性集聚也将迭代传统的人

才柔性流动，成为基于信息科技革命的跨国人才流动的最新、最主要的形态。跨国人才柔性集聚的基本内涵见图 3—2。

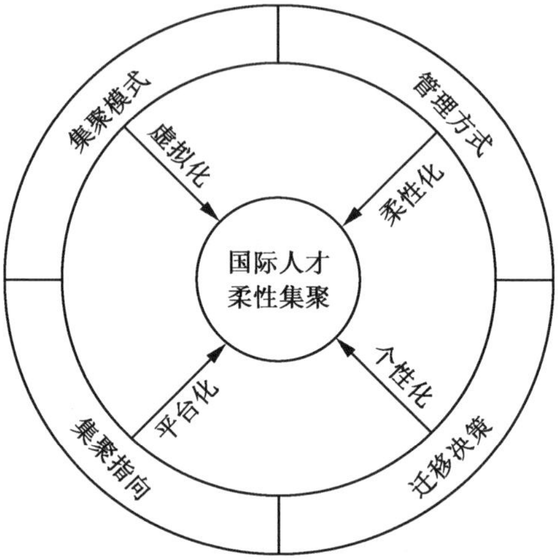

图 3—2 跨国人才柔性集聚的基本内涵

对于人才集聚与产业集聚的耦合关系，知识扩散理论、信息经济学等均做了大量的探讨与分析，但如今直接通过平台经济、共享经济、微经济等的颠覆式发展，深刻改变着产业发展形态与资源集聚路径。从人才资源跨国配置的角度来看，各国最为关注的恰恰是国际人才集聚与新兴产业集聚之间的关系变化问题，并纷纷调整人才争夺的方式和方向。为此，拟设定国际人才柔性集聚的综合评价函数，以及新兴产业集聚的综合评价函数，推导人才集聚与新兴产业集聚的耦合度公式，进而构建国际人才柔性集聚模型。

人才集聚主要采用以下 5 个指标衡量：(1)平台特征：国际猎头数量、职业社交平台数量、跨国公司数量；(2)指向特征：平台指向、组织指向、区域指向；(3)协同特征：网络协同、柔性组织、分布对接、智能互联；(4)质量特征：专业相关度、学术相关度、创新能力；(5)个人新特性：人才内涵的拓展、个体人才效用放大、人才迁移意愿个性化。人才集聚综合评价函数用 $h(x)$ 表示。

新兴产业集聚采用以下4个指标衡量:(1)集群特征:使用平台经济的衡量指标,体现实体产业集群(空间集聚)向虚拟产业集群(平台集聚)转变;(2)产业层级:表征产业的新兴程度;(3)产业导向性:表征产业的引领作用;(4)产业创新性:表征产业的创新能力,包括创新平台、新技术开发、成果转化等。新兴产业集聚综合评价函数则用 $k(y)$ 表示。

(一)综合评价模型

人才集聚和新兴产业集聚的综合评价函数分别为:

$$h(x)=\sum_{i=1}^{n}a_i x_i;k(y)=\sum_{i=1}^{m}b_i y_i$$

其中,x_i、y_i 分别表示人才集聚和新兴产业集聚各要素的标准化值,a_i、b_i 分别表示各要素的权重,n、m 分别表示人才集聚和新兴产业集聚的要素个数。

(二)耦合度模型

借鉴物理学中的容量耦合系数模型,建立人才集聚与新兴产业集聚的耦合度模型,耦合度公式为:

$$C=\left[\frac{h(x)k(y)}{\left[\frac{h(x)+k(y)}{2}\right]^2}\right]^k$$

其中,C 为耦合度,k 为调节系数,一般 $2\leqslant k\leqslant 5$。耦合度 C 的取值在0—1之间,当 $C=0$ 时,人才集聚与新兴产业集聚间的耦合度较低;当 $C=1$ 时,两者间的耦合度较高。

(三)耦合协调度模型

耦合度用于说明人才集聚与新兴产业集聚相互作用的强弱,无法反映协调发展水平的高低。因此,引入耦合协调度模型分析人才集聚和新兴产业集聚间交互耦合的协调程度。耦合协调度的公式如下:

$$D=\sqrt{CT},T=\alpha h(x)+\beta k(y)$$

其中,D 为耦合协调度,T 为综合评价指数,α、β 为待定系数。

如图3—3所示,人才集聚与新兴产业集聚呈现同步耦合趋势,从而使人才资源的富集既能提高生产效率,又能为技术进步提供保障。因此,跨国人才流动与人才集聚不仅改变了人才资源的国际分布,而且使集聚地(国)获得了重要的经济发展驱动力,推动了产业集群的形成,对全球产业链的形塑与分布乃至世界经济政治格局都将产生直接而深远的影响。正由于全球化浪潮以现代信息技术为基础,改变了人与人基于物理空间的传统交往模式,造成了“距离消失”与“时空压缩”①,为从引才战略向引智战略的全面转型提供了技术支撑和网络平台,也使跨国人才流动的基本范式开始转换。

西方主导的新自由主义全球化趋于终结,人类开始进入多元一体全球化发展阶段。相应地,西方发达国家竭力维持既有的优势地位,但新兴经济体和发展中国家也获得了尽快争取科技及人才自立自强的历史契机,需要从多元一体的视角出发,充分利用全球资源配置网络和全球知识网络,立足于内部开放和内需,形成与本国发展阶段相匹配,以本国为中心和重心的创新链、产业链及对应的人才链。

第三节　多元一体的全球人才流动新趋势

多元一体全球化时代正在到来,西方发达国家无法延续新自由主义全球人才配置机制并继续提供公共品供给,中国等非西方国家在全球人才大争夺中的被动态势逐步逆转,全球知识网络为人才资源的集聚指向变化提供了技术支撑,同时为非西方国家转而加大引智力度提供了基础设施。因此,面对纷繁复杂的全球人才大变局,需要从底层逻辑和基本范式的维度出发,对全球人才流动的未来趋势进行梳理和学理阐释。

一、西方发达国家掀起了技术民族主义浪潮,纷纷出台带有浓厚民粹色彩的民族主义技术移民政策

尽管 1924 年的美国移民法就确定了选择性移民的原则,但由于劳工

① 许正中:《全球化新浪潮中的国家人才战略》,《国有资产管理》,2010 年第 8 期。

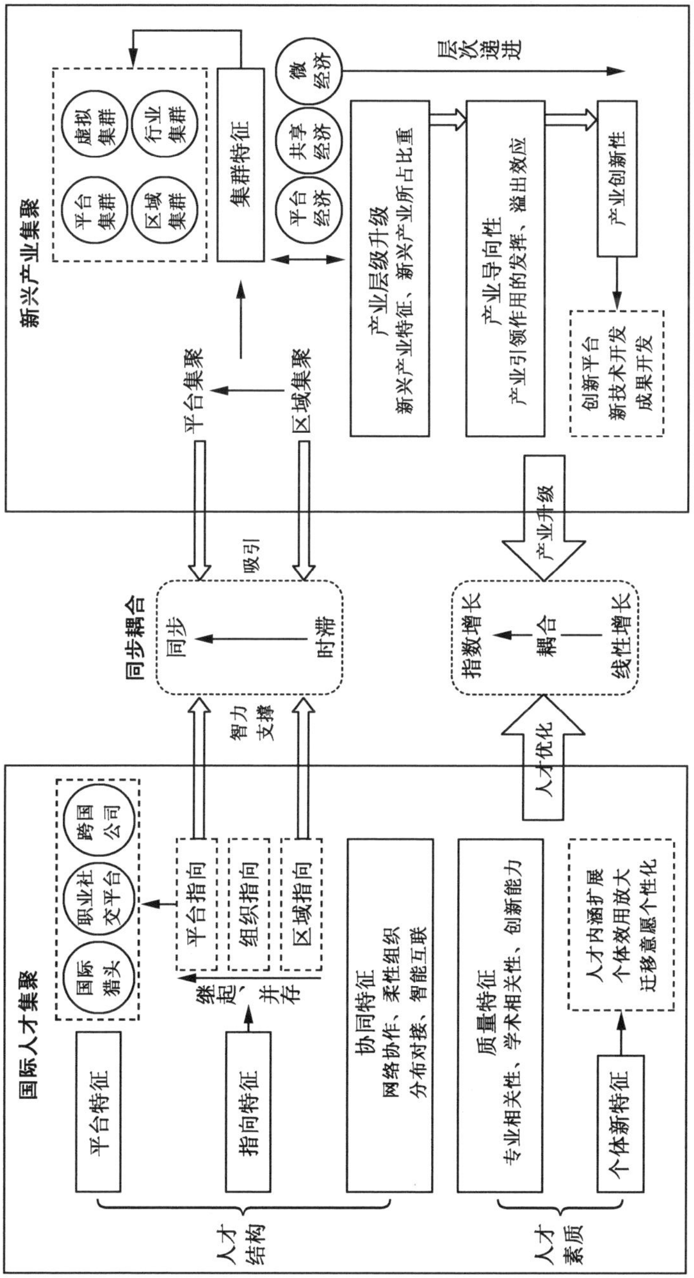

图3-3　人才集聚与新兴产业集聚同步耦合过程

政策与人才政策相互衔接并可转换，从而使西方国家的技术移民政策始终带有鲜明的意识形态色彩，通过打着自由、人权、人道主义等旗号，大肆吸引其他国家的优秀人才，甚至不惜频频出台技术难民政策，这在第二次世界大战后期、东欧剧变、当前的俄乌战争中都有充分体现。但在新自由主义全球化退潮的背景下，西方发达国家迅速放弃了长期标榜的自由主义技术移民政策，直接聚焦于与信息科技革命相关的人才资源争夺。选择性移民政策开始转变为针对性移民政策，频频实施带有某种民粹印记的民族主义技术移民政策①，甚至直接推出了“科技签证”“创新签证”“创业签证”“人才签证”，重点围绕新兴科技领域（大数据、云计算、人工智能、物联网、区块链、元宇宙等）和战略性科技领域（航空航天、深海深地、外空太空、高端装备制造、新能源、新材料等），面向新兴科技发展所需的高层次科技人才，尤其是外国理工科（STEM）留学生，相应地压缩亲属移民、劳工移民、难民等的配额，其中的重要事件包括美国的《2019 年移民法案》和当年 11 月美国参议院关于中国人才招募计划的听证会、英国于 2020 年 2 月推出的“全球人才签证”（Global Talent Visa），以及德国于 2021 年 3 月 1 日正式生效的《技术人员移民法》（Fachkräfteeinwanderungsgesetz，FEG）等。俄乌战争开始的第二天（2022 年 2 月 25 日），法国国民议会外交事务委员会主席 Jean-Louis Bourlanges 就宣称要吸引乌克兰的“优质难民”并从中获益，全然不顾长期宣称的“民主、自由、人权、人道、博爱”等口号。

2018 年 12 月 19 日，英国内政部发布移民白皮书（The UK’s Future Skills-based Immigration System），确立了脱欧之后的移民政策基调，通过建立“监管资格框架”（RQF）这一技能水平区分系统，依据学历和岗位内容将技能分为高、中、低三类，并对低技术移民设置了“冷却期”制度。英国随即正式推出“创业签证”（Start-up Visa）和创新签证（Innovator Visa），约翰逊内阁进而发布了“全球研发路线图”（UK Research and Development Roadmap），甚至在首相府成立了“人才办公室”（Office for

---

① 高子平：《国际人才吸引力指数报告（2019）：全球大变局的视野》，上海社会科学院出版社 2020 年 4 月版，第 24 页。

Talent)，并且对符合“全球研发路线图”要求的所有研发人才不设名额限制。2022 年 5 月 30 日，英国正式启动高潜力人才签证(High Potential Individual Visa，HPI Visa)，允许全球顶尖大学毕业生在没有工作 offer 的情况下，直接获得赴英生活工作的签证，无须任何担保。这一签证相当于“海外版 Graduate Visa”，申请没有名额限制。

2019 年 5 月 16 日，特朗普政府公布了新移民改革方案，移民总额从每年近 100 万减至约 50 万，主要是亲属移民、难民、庇护绿卡和抽签移民等移民配额大幅降低；同时，在边界施行新的安全措施，大幅提高移民教育和技能资格的规定，将移民的平均年薪从 4.3 万元提高到 9.6 万元；取消绿卡抽签(Diversity Visa Lottery)；为拥有特殊技能和获美国雇主聘用的外国人提供新的移民机会，但他们必须显示英文能力和教育程度，并通过公民考试。从此，美国开始实施“高技能”人才优先录用制度。

2019 年 8 月 14 日，澳大利亚迅速出台了“全球人才计划”(Global Talent Scheme)，并增设了“创新签证”(Visas for Innovation)，决定每年将向世界最优秀的 5 000 名技术人才签发赴澳签证，在量子工程、人工智能、农业技术和金融科技等领域打造未来产业。2019 年 12 月，澳大利亚又出台了“全球人才独立计划”(Global Talent Independent Program，GTI)，吸引面向未来关键领域的技术移民，每年的配额是 5 000 人。

2020 年 3 月 1 日，德国的《技术人才移民法》(Fachkräfteeinwanderungsgesetz，英文译为 German Skilled Immigration Act)生效，取消了优先考虑雇用德国和欧盟居民以及限定岗位等规定，为引进欧盟以外移民打开了大门，同时把“技术人才”定义为具有大学学历的专业人才或接受过两年以上职业培训的人，不再仅限于大学毕业，这大大拓宽了引进人才的范围。新法特别青睐年轻人，为未来储备人才，规定 25 岁以下的外国人甚至可以申请 6—9 个月的签证，赴德寻找培训岗位或申请大学。他们在求职过程中还可以试工，哪怕是一周 10 小时以内的试工。此外，IT 领域的专才也可以暂无德语基础，使急需行业的引才更加灵活。

从 2021 年 1 月 1 日起，荷兰加大吸引国际人才的力度，全球排名 150

名之内的大学的硕士及以上学历毕业生（毕业 3 年之内的）可以申请 1 年身份证，在荷兰居住并求职，如果在 1 年之内找到工资符合技术移民条件的工作，即可办理工作居留。荷兰移民局在 2022 年 1 月 1 日之后进一步放宽了毕业于荷兰高等教育机构的外国毕业生在荷兰找工作的规定，荷兰大学的博士研究生或者荷兰研究机构的研究员不受最低薪资规定的限制。

此外，日本不仅创设了外国高技能专业签证（高度专门职，Highly Skilled Foreign Professional Visa），而且参照加拿大、澳大利亚等传统移民国家的通行做法，为外国高级专门职（1 号、2 号）引入了积分制；法国启动了优秀人才居留证（La carte“competences et talents”）和“高科技签证”（French Tech Visa），聚焦初创企业的创办人、外籍科技雇员和创新型企业的外国投资人；比利时的新工作居留政策直接豁免高学历申请人的劳动力市场调查，规定移民部门不得拒绝高学历人才的居留申请；韩国法务部于 2021 年 12 月 26 日在大德特区的韩国科学技术院（KAIST）创设了“全球人才签证中心”；2021 年 12 月，加拿大计划扩增 1 000 名新学者，以加强生命科学和生物医学等领域的研究。德国、比利时、英国等欧洲国家也纷纷取消了“优先审核”规定，不再无条件地优先考虑欧盟各国的公民。

总体来看，面对无法维持长期主导地位的新自由主义全球化，在经历 10 年左右的政策摇摆之后，以 2018 年美国发动美中科技战、2022 年美国通过科技竞争法案为标志，西方国家最终接过了曾经长期由印度尼西亚等发展中国家高擎的技术民族主义大旗，使全球层面的科技交流、人才流动趋于本土化、政治化、泛安全化，并将造成全球科技创新链、产业链、人才链的分叉，使相对完整的国际人才市场出现裂痕。但在全球知识网络形成之后，尤其在信息革命将各种技术加以融会贯通的背景下，全球化的底层逻辑已经不再是传统意义上基于帕累托最优的市场分工。因此，尽管发达国家的技术民族主义政策选择迅速瓦解了新自由主义的全球人才配置机制，但西方主导地位的削弱为多元一体的全球人才配置机制的形成提供了历史契机。

二、全面放宽对外国优秀留学生的移民限制，将留学教育市场优势转化为人才市场优势

根据美国2019年的《移民改革法案》，优先录用"高技能人才"，其中，杰出学生（Exceptional Students）被允许在美国高校就读期间提出移民申请。拜登执政以来，进一步为在校的外国留学生提前申请签证提供便利。2021年1月，美国通过H-1B工作签证新规定，并于3月9日生效。H-1B签证是留学生申请美国绿卡的必经之路，原有H-1B签证的抽签政策已经持续了很多年，由于申请人数过多，被称为"H-1B Lottery"。原有政策为：所有申请者被分为两个批次随机抽取名额，持有美国硕士和博士学位的申请人在第一轮抽签没中的情况下，可在第二轮再次参与抽签。新政策为：所有申请者按学历、工作经验、薪资高低分为四个等级并逐轮申请，经过审核后发放H-1B签证。新规定将原有的每个级别的最低工资要求在所在行业的薪资范围占比，进行了很大程度的调高。这四个等级的具体划分包括但不限于工资、职位、学历，它对照以下四类人群：Level 1普通专业本科/OPT为1年的硕士生，几乎无全职经验，即应届生；Level 2 STEM专业有3年OPT硕士生，2年以上全职经验的本科和博士生；Level 3 3—5年工作经历的硕士生、博士生；Level 4 5—10年工作经历的硕士生、博士生。2022年1月21日，美国国土安全部（DHS）宣布，在STEM可选实践培训（OPT）计划中增加了22个新的学习领域，以促进在科学、技术、工程和数学领域（STEM）学习的非移民学生作出贡献，支持美国经济的增长和创新。STEM OPT计划允许在某些STEM领域获得学士、硕士或博士学位的F-1学生在美国停留长达36个月，以便他们开展研究工作。这将确保在美获得STEM学位的学生受益于美国经济。

英国将留学生群体与低技能技术移民群体区别对待，明确提出"让最有才华的毕业生更容易留下来"，特意为欧盟区的国际学生设置为期6个

月的“进修假”，使其在学习结束之前能免费申请技术工人签证。2021年7月1日，英国开通了一条新的移民途径，允许国际毕业生在英国大学完成学业后开始在英国工作。新途径是基于积分的移民系统的一部分，有助于吸引世界各地的优秀人才。新途径要求：国际毕业生必须在英国高等教育机构完成符合条件的课程，并符合政府的移民要求，才能申请毕业生途径。毕业生申请路线不需要工作机会，没有最低工资要求，没有人数上限，可灵活选择工作。

德国颁布了多项有力的政策吸引留学生留德工作。例如，政策保障留学生在学习期间可工作120个全天或240个半天，毕业后其居留许可允许延长至18个月。找到工作后，他们仅需缴付养老保险2年即可申请定居许可。德国对外国毕业生申请创业类居留许可的审核更加宽松，前提是其创业与其大学专业或研究活动密切关联，还规定已从高等院校毕业的留学生可获颁1年期居留许可。

为了能够留住留学生，日本修改了入境管理条例中的最长居留期，由3年延长至5年，为具有专门知识和技术的外国科技人才提供在日就业机会，通过平等条件进行公开招聘，注重招收青年拔尖人才，弥补日本高科技人才的供给缺口。其中，特朗普当政时期对移民规模的大规模压缩与对STEM留学生的政策放宽并行不悖，突出反映了西方技术移民政策的民粹特征和实用主义走向。

加拿大毕业工签PGWP是专门为留学生（在加拿大完成高中以上学业）设置的开放式工作签证（Open Work Permit），没有任何雇主和职位的限制，且根据完成课程的长度可获得8个月至3年的有效期。在加拿大学习8个月以上、不满2年的，毕业后工签所给的时间一般与学习的项目时间相同，但2年（或以上）的项目毕业后可以获得3年工签。在魁北克省学习职业培训课程，1 800个学时对应3年的工签。16个月连续授课的硕士、博士项目毕业后可以获得3年的工签。

2019年8月19日，澳大利亚正式开启了新一轮澳大利亚“留学目的地”项目，供高等教育机构申请，旨在吸引、支持国际学生赴澳大利亚学习，发展澳大利亚的高等教育机构，为学生提供高质量的学习体验。

此外，加拿大、澳大利亚等不仅放宽了留学申请标准，而且降低了留学生毕业后的就业申请门槛。法国、德国、日本均通过分类审核为优秀的外国留学生创造了更多的就业签证申请机会；自 2022 年以来，法国、希腊等国甚至专门开设英语课程，为外国留学生克服语言障碍提供便利。值得注意的是，新自由主义全球人才配置机制的瓦解并未干扰西方发达国家吸引外国留学生的步伐；相反，各国纷纷通过简化签证程序、提高奖学金额度、出台留学专项等形式，甚至在疫情防控期间通过提供救济金、开辟特殊入境通道等，加大吸引国际留学生的力度。今后，各国对留学教育市场和留学人才市场的关注和投入将持续加大，并借此提高自身在全球知识网络中的参与度，同时为就地延揽优秀的外国留学生拓宽渠道。

三、国际人才大数据正式形成，国际人才数据权问题凸显

随着全球网络空间的形成，西方国家的一批职业社交平台迅速走向全球，成为国家化的职业社交平台，相应地，这些平台的会员结构也率先实现了国际化，获得了大批其他国家人才的基础数据。西方国家的人才优势开始呈现为对国际人才数据的掌控甚至某种垄断，数以十亿计的世界各国人才数据及个人基础信息被少数几个西方国际化职业社交平台动态掌握，国际人才市场开始了基于全球网络空间与西方数据规则的结构性重塑。起初非营利的西方职业社交平台通过自身业务的国际化进程，将获得的海量国外人才数据运用于商业化的猎聘服务，从而使传统意义上的人才信息转化为兼具市场性与安全性的竞争性情报，国际人才大数据由此生成，进而促进了国际人才市场交易的方式改变以及跨国人才集聚指向的重大变化。截至 2022 年 9 月 30 日，美国最知名的职业社交网络平台见表 3—3。

表 3—3　美国最知名的职业社交网络平台(数据更新时间:2022 年 9 月 30 日)

名　称	行　业	用户数	上线日期	Alexa Rank（2022 年 5 月 22 日）	网　址
LinkedIn	综合	8.1 亿	2003	14	http://www.linkedin.com
Edmodo	教育	1.25 亿	2008	5 839	https://www.edmodo.com/
Academia	综合	1.83 亿	2008	416	https://www.academia.edu
GitHub	程序员	8 300 万	2007	21	https://github.com
PubFacts	综合	2 000 万	2013	222 153	https://www.pubfacts.com
Mendeley	综合	600 万	2008	2 270	https://www.mendeley.com/
Spiceworks	IT 专业人士	2 000 万	2006	3 261	https://www.spiceworks.com
GrabCAD	机械工程师	1 000 万	2008	5 878	https://grabcad.com/
ORCID	综合	857 万	2009	2514	https://orcid.org/
RallyPoint	军事	200 万	2012	67 012	https://www.rallypoint.com/
Kaggle	数据分析师	300 万	2010	1 388	http://www.kaggle.com
Doximity	医疗	100 万	2009	19 829	https://www.doximity.com/
Athlinks	体育	1 000 万	2001	128 576	https://www.athlinks.com
InnoCentive	理工科	50 万	2001	332 828	https://www.innocentive.com/
IT Center Station	IT 专业人士	41.3 万	2012	1 963 994	https://www.itcentralstation.com/
Elixio	精英经理人	8 万	2007	2 992 212	http://portal.elixio.net

美国是西方职业社交平台最多、国际化程度最高的国家。93%的招聘人员利用社交网络进行招聘，73%的招聘人员据此帮助企业录用到合适人才。① 如表 3—3 所示，综观当前美国最知名的职业社交网络平台，无论其会员结构还是业务结构，均已跨越国界，成为高度国际化的社交平台，亦即不仅获得了海量的他国人才数据，而且运用这些数据进行了市场经营行为并获得了可观的经济收益。就所获得的他国会员数据结构来看，不仅类型多样、专业化程度高，而且通常以富有国际视野的业界精英偏多。如今，西方发达国家在国际人才大数据中的主动地位没有改变，甚

① Jennifer Grasz. Number of Employers Passing on Applicants Due to Social Media Posts Continues to Rise, According to New Career Builder Survey [J]. *PR Newswire*, 2018.

至是获得了一个主导国际人才市场交易的新抓手。图 3－4 为 LinkedIn 的会员变化数据图。

对结构化数据进行分析从而做出预测，对非结构化数据进行挖掘从而进行评价，两者共同构成了国际化职业社交平台的核心竞争力。这些平台可以通过时间轴、用户画像及其他相关的可视化形态进行数据呈现，并通过分布式数据挖掘等信息技术对海量的人才信息进行数据挖掘和信息整合，不仅拥有了传统国际猎头所不具备也难以追赶的独特优势（高度开放性、动态性的数据平台），而且衍生了平台化的人才集聚指向，国际猎聘由此进入了在线招聘 2.0 时代。如今，这已经成为继区域集聚指向、产业集聚指向之外的第三种集聚指向，进而开始改变传统集聚路径。美国的招聘机构甚至要求候选人才提供社交网络账号，进而分析其社交网络信息。① 相应地，大批跨国公司对高度国际化的职员进行深度数据挖掘和动态跟踪。IBM 公司利用聊天机器人，同步识别、编码记录各种人才的心理过程和人格特征，数字化建构人才雷达（Talent Radar），详细勾勒人才兴趣图谱、性格画像、能力结构，分析专业影响力、职业倾向、求职意愿、信任关系、行为模式等维度，并按招聘要求对候选人才岗位匹配度进行自动排序。② IBM 公司与人力资源服务企业合作，对其全球分支机构员工职场行为图像和视频数据深度分析，发现员工体验度和敬业度是其离职风险的两个决定性因素，于是及时调整人才选拔标准和评价激励体系。③ 惠普公司则对人才离职风险和发展潜力进行分析评估，有针对性地提前做好全球人才选拔和储备工作。④ 普华永道通过收集全球超过 1 000 家企业 100 多万名员工的数据，设计、筛选并提炼出逾 3 000 个评

① Jennifer Grasz. Number of Employers Passing on Applicants Due to Social Media Posts Continues to Rise, According to New Career Builder Survey [J]. *PR Newswire*, 2018.

② 陈雪玉：《发达国家全球人才大数据开发经验借鉴》，《探求》，2021 年第 2 期。

③ Haiyan Zhang, Sheri Feinzig. *Should I Stay or should I Go? Global Insights into Employees' Decisions to Leave Their Jobs*[M]. Armonk: IBM Smarter Workforce Institute, 2017.

④ Eric Siegel. *Predictive Analytics: The Power to Predict Who Will Click, Buy, Lie, or Die*[M]. Wiley, 2013.

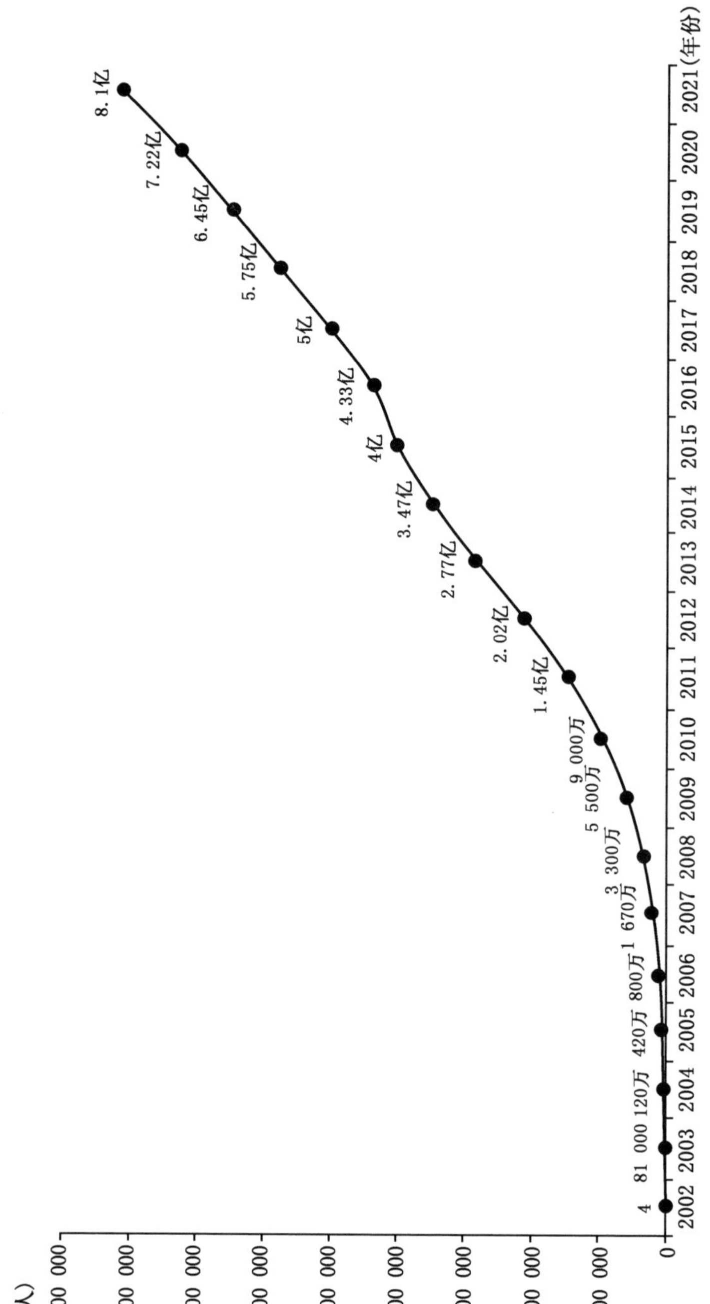

图3-4 LinkedIn的会员变化数据图

价指标，为跨国流通、销售企业建立薪酬定期调整机制和灵活的考勤制度，稳定从业人员队伍。该公司还利用 myMobility 分析工具查询企业的就业数据，从中挑选出适合其国际任务的最佳人选，如“那些具备出境必要的证件及背景的员工”，帮助企业简化在日常管理员工海外派遣项目中的烦琐流程。通过将企业数据、行业趋势数据以及从普华永道约 5 000 名客户、60 多万员工收集而来的数据进行整合，myMobility 分析工具可以帮助企业规划全球战略布局。

相应地，一些西方国家政府迅速调整战略，强调面向新技术和新经济整合国际人才资源。其中，美国的“大数据研究和发展倡议”（2012）和《联邦大数据研发战略计划》（2016）、法国的《数字化路线图》（2013）、英国的《一般数据保护法规》（2018）、欧盟的《非个人数据自由流动框架条例》（2018）等，普遍强调网络安全基础上的有限开放与数据主权原则，鼓励本国职业社交平台在全球拓展业务。同时，美国主导在亚太经合组织（APEC）隐私框架下建立跨境隐私保护规则（CBPR）。只要 CBPR 成员国的注册企业承诺遵守 CBPR 对个人信息的保护要求，那么即使数据主权国人才数据安全标准高于数据流入国，也不得阻碍相关数据跨境流通。CBPR 成员国包括美国、日本、加拿大、墨西哥等国家。[①] 在早期自发性、非营利性、国别性的基础上，一些职业社交平台借助于本国资本的力量在国外大肆扩张，形成了市场主导、政府支持、信息技术驱动的发展模式，进而掌握了特定专业领域的国际人才流动数据，亦即掌握了全球人才大争夺的主动权。同时，信息获取与数据挖掘均基于西方既有的数据治理规则，相关数据所涉国家则基本被排除在外。借助于最新的信息技术手段和网络平台，西方发达国家再度加快了技术移民政策转型的步伐，预示着国际人才流向与流量在多元一体全球化阶段的深刻改变。

与传统意义上的国外人才情报获取不同，全球网络空间背景下的主要载体和途径是国际化的职业社交平台，从而以商业甚至非营利的方式

---

① CBPR. Privacy in APEC Region [EB / OL]. http://cbprs.org/privacy-in-apec-region/.

获取国外人才数据，具体的获取途径则基于平台与个体之间的合约。尽管在俄罗斯等国遭遇了“被遗忘权”界定不清等诱发的诉讼与安全顾虑，但借助于全球网络空间的拓展态势，西方国际化职业社交平台的国外会员数据持续飙升。在网络全球化的背景下，人为阻隔人才数据流动的可能性大幅下降，但人才数据跨境流动引发的问题随之纷呈。随着全球人才大数据开发的触角深入私人领域，便可能对隐私权构成严峻挑战。例如，Amazon 等跨国企业为实时掌握员工的身体和工作状态，要求其佩戴智能胸卡等联网设备。其中，智能胸卡内嵌麦克风、蓝牙、扫描仪、加速计等传感器，能够同步采集并传输语音、体态、动作等 40 多种信息。[①] 随着国际人才大数据的生成以及跨国公司在人力资源管理过程中对海外数据的深度挖掘，国际人才数据权[②]问题由此产生，亦即国际人才数据的跨境流动开始引发责权利问题。由于数据本身的重要价值开始凸显，从而使这一责权利关系的内涵发生了深刻变化，不仅涉及国家层面的人才主权问题，而且涉及商业利益问题及个人数据安全问题。但作为国际人才所属的主权国家则被边缘化，以致国际人才数据主权成为事关国际人才市场走势的重要变量。

---

① Jeff Loucks, James Macaulay, Andy Noronha, Michael Wade. *Digital Vortex: How Today's Market Leaders Can Beat Disruptive Competitors at Their Own Game*[M]. DBT Center Press, 2016.

② 高子平：《大数据时代的国际人才数据权之争：基于 LinkedIn 的个案分析》，《中国行政管理》，2018 年第 6 期。

第四章　改革开放以来我国外籍人才政策的嬗变

我国对外籍人才的吸引与集聚可以追溯到延安时期。新中国成立之后，大批苏联东欧专家援华，我国初步建立了外国专家管理与服务机制。自改革开放以来，为了扭转国内人才严重短缺的局面，吸引外籍人才成为一项重要的国家事权。我国先后出台了一系列的法律法规和政策文件，创设了专门的工作机构，积极开展外国专家等各类外籍人才的吸引与集聚工作，并形成了较为完整的工作体制机制和方式方法。近年来，国内人才需求及国际引智环境均发生了深刻变化，进行外籍人才移民制度设计的国内条件逐渐成熟，集中体现在立法实践、体制保障、地方性探索、决策咨询研究等方面。

第一节　外籍人才工作的法制实践

1980 年 9 月 10 日，第五届全国人民代表大会第三次会议通过了《中华人民共和国国籍法》，这是处理外籍人才（尤其外籍华人人才）所涉国籍议题的上位法依据。同年 10 月 29 日，国务院颁布实施了《外国文教专家工作试行条例》（国发〔1980〕270 号），旨在通过聘请外国专家来华工作，促进科学、技术、文化交流。条例共分九章四十条，对来华专家聘请程序、管理及相应的接待、安保等均作了规定。这是我国较早规定外籍人才工作的法律法规，但未提及所聘请外国专家的签证和居留问题。1983 年 7 月 8 日，邓小平同志发表“利用外国智力和扩大对外开放”讲话。国务院于 1983 年 9 月 26 日发布了《国务院关于引进外国人才工作的暂行规定》

(国发〔1983〕152 号),并据此制定实施了《外国专家局关于对部分从国外聘请的专家给予高薪待遇的暂行办法》(国办发〔1984〕99 号),明确规定"总的原则是使他们的净收入不低于其原有的实际收入水平。对我急需而又难以聘请到的关键人才,可重金礼聘",并对其工资、津贴、住房、交通、医疗等进行了规定,甚至明确提出可以"免缴个人所得税"。

1986 年 2 月 1 日起施行《外国人入境出境管理法》,首次提出"外国人永久居留"的概念,规定有三类外国人可在华申请永久居留:在华投资的;与中国企事业单位有经济、科技和文化合作的;有需要在华永久居留的。这标志着我国的外国人永久居留制度的初步形成。1986 年 12 月 27 日发布的《外国人入境出境管理实施细则》第十八条明文规定:"外国人居留证有效期可签发 1 年至 5 年,由市、县公安局根据外国人居留的事由确定。对符合《外国人入境出境管理法》第十四条规定的外国人,公安机关可以发给 1 年至 5 年长期居留资格的证件;有显著成效的,可以发给永久居留资格的证件。"1994 年 3 月 25 日,国务院常务会议审议通过了《中国 21 世纪议程》,确定要"开放国门,改善国内工作环境,吸引海外人才来中国服务;并通过技术援助和国际合作,吸收和利用国外智力资源,参与中国可持续发展建设"。

2004 年 8 月 15 日颁布的《外国人在中国永久居留审批管理办法》(公安部、外交部第 74 号令)标志着我国外国人永久居留制度的正式确立。该办法详细规定了外国人永久居留的申请类型、申请条件、审批程序以及居留事项,明文规定"《外国人永久居留证》是获得在中国永久居留资格的外国人在中国境内居留的合法身份证件,可以单独使用""获得在中国永久居留资格的外国人,凭有效护照和《外国人永久居留证》出入中国国境",弥补了之前《外国人入出境管理法》的不足。自此之后,我国的外国人永久居留制度正式迈入发展阶段。

2011 年 9 月 21 日,人社部颁布了《在中国境内就业的外国人参加社会保险暂行办法》(人保部令第 16 号),规定了"在中国境内合法就业的非中国国籍的人员"购买社会保险的相关事宜和享有的待遇,规定"在达到规定的领取养老金年龄前离境的，其社会保险个人账户予以保留，再次来中国就业的，缴费年限累计计算；经本人书面申请终止社会保险关系的，也可以将其社会保险个人账户储存额一次性支付给本人”。2012 年 9 月 25 日，中组部等 24 个部门共同颁布了《外国人在中国永久居留享有相关待遇的办法》(人社部发〔2012〕53 号)，该办法从就业、投资、税收、购物、保险和子女入学等方面确定了外国永久居民在我国享有的相关待遇，充分保障了永久居民在华生活的权益。随后，全国人大常委会重新修订了《外国人入出境管理法》，将其更名为《中华人民共和国出境入境管理法》，并将《外国人永久居留审批管理办法》的重要规定纳入其中，自 2013 年 7 月 1 日起实施。同时，根据该法的内容，修订了配套的《外国人入境出境管理条例》(2013 年 9 月 1 日起施行)。

2015 年 3 月 23 日，《中共中央国务院关于深化体制机制改革加快实施创新驱动发展战略的若干意见》正式发布，确定要“制定外国人永久居留管理的意见，加快外国人永久居留管理立法，规范和放宽技术型人才取得外国人永久居留证的条件，探索建立技术移民制度。加快制定外国人在中国工作管理条例，对符合条件的外国人才给予工作许可便利，对符合条件的外国人才及其随行家属给予签证和居留等便利。对满足一定条件的国外高层次科技创新人才取消来华工作许可的年龄限制”。2016 年 2 月 28 日，中共中央办公厅、国务院办公厅印发《关于加强外国人永久居留服务管理的意见》，提出“坚持聚天下英才而用之的战略目标，实行更加积极有效的外国人永久居留服务管理政策，进一步理顺体制机制，健全政策法规，优化申请条件，简化工作流程，落实资格待遇，加强日常管理，形成更为科学合理、开放务实的外国人永久居留服务管理工作格局”。

此外，还有中组部发布的《引进海外高层次人才暂行办法》(中办发〔2008〕25 号)《海外高层次创业人才引进工作细则》《关于为海外高层次引进人才提供相应工作条件的若干规定》(组通字〔2008〕56 号)《关于海外高层次引进人才享受特定生活待遇的若干规定》(组通字〔2008〕58 号)等。这些政策性文件是我国外籍人才引进管理工作的重要指导及实践依据，一定程度上有效弥补了立法工作滞后的缺陷，从政治高度明确了外籍人才引进、使用与管理工作的重要性与紧迫性，从政策设计层面进行了谋划和规范，而且为设计外籍人才移民制度提供了较为清晰的政策指引。其中，《中华人民共和国出境入境管理法》为实施人才签证制度提供了法律依据，为符合条件的外籍人才、投资者停留居留便利提供了法律授权。2019 年 8 月 1 日，《外国人永久居留证件便利化改革方案》正式实施，其中包括扩大外国人才申请永久居留对象范围、放宽签发长期签证和居留许可的对象范围、拓宽外国人才引进对象范围、提高外国人服务管理水平等措施。这些措施在推动外籍人才在华工作合法化、吸引国际高层次人才方面起到了积极作用，同时为技术移民制度化积累了实践经验。

2020 年 2 月 27 日，《中华人民共和国外国人永久居留管理条例（征求意见稿）》向社会各界征求意见，拟从立法层面对外国人永久居留制度予以完善。该征求意见稿共计 6 章 53 条，尽管一度诱发了国内舆情，相关部门随即采取了一系列沟通措施，并对文件进行进一步的意见征集与修订。在全球人才大变局背景下，居留制度设计的需求持续增强，我国急需形成一整套与第二个百年奋斗目标相匹配的外籍人才移民法律体系，为营造真正具有国际竞争力的人才制度优势提供符合国际惯例的法律保障，实现外籍人才移民工作的制度化、法制化、规范化。

第二节　外籍人才工作的体制保障

中国总体上不属于移民国家。在 2018 年国家机构改革之前，国际移民事务始终没有正式成为基本的国家事权，相应地，中国一度是唯一没有归口式移民管理机构的大国，所涉事务长期散见于各类部门的日常事务之中，主要包括六类：一是安全部门，包括公安出入境、国安、海关、边检等；二是外交部门，主要是外交部、我国驻外使领馆等；三是科技部门；四是组织、人事部门；五是统战、侨务部门；六是教育、卫生等基础性的公共服务部门。如果按照外籍人才在华工作、生活的具体事项进行全流程划分，共计涉及20多个部门，总体呈现事权明显分散、多头管理但层级不高、协同性不够的局面。

正由于涉及的部门太多、职责分工不太清晰，在实际工作过程中，程序烦琐、口径不一、材料重复甚至规章制度相互矛盾的现象频频出现。比如，如果外国人在中国境内单位办理就业，需走双重审批通道，即先由用人单位向劳动行政主管部门同级别的行业主管部门提出申请，经行业主管部门审核同意后，持有该行业主管部门批准的申请表到用人单位所在地区的省、自治区、直辖市的劳动行政部门办理核准手续，经核准后方能办理聘用外国人的后续手续。① 涉及不同行业的则由不同部门进行审批，教育部门具有审批教育院校聘用外国人从事教育工作的权限，公安部门负责外国技术人才的出境入境及居留审批工作，外国专家局则审批政府聘请的外国专业技术及管理人员来华工作申请。正由于事权层级不高但高度分散，国家层面的顶层设计也就无从谈起，尤其对标西方技术移民制度、营造具有国际竞争力的外籍人才移民制度任重道远。

2018年3月，中共中央印发了《深化党和国家机构改革方案》，决定"为加强对移民及出入境管理的统筹协调，更好形成移民管理工作合力，将公安部的出入境管理、边防检查职责整合，建立健全签证管理协调机制，组建国家移民管理局，加挂中华人民共和国出入境管理局牌子，由公安部管理。主要职责是，协调拟订移民政策并组织实施，负责出入境管理、口岸证件查验和边民往来管理，负责外国人停留居留和永久居留管理、难民管理、国籍管理，牵头协调非法入境、非法居留、非法就业外国人治理和非法移民遣返，负责中国公民因私出入国（境）服务管理，承担移民领域国际合作等"。2018年3月13日，十三届全国人大一次会议表决通过了关于国务院机构改革方案的决定，为加强对移民及出入境管理的统筹协调，更好形成移民管理工作合力，将公安部的出入境管理、边防检查职责整合，建立健全签证管理协调机制，组建国家移民管理局，由公安部

---

① 潘峰：《论外国人在华就业的法律调控》，《福建警察学院学报》，2013年第3期。

管理。公安边防部队不再列武警部队序列,全部退出现役。公安边防部队转到地方后,成建制划归公安机关,并结合新组建的国家移民管理局进行适当调整整合。现役编制全部转为人民警察编制。同时,《深化党和国家机构改革方案》将科学技术部、国家外国专家局的职责整合,重新组建科学技术部,作为国务院组成部门。科学技术部对外保留国家外国专家局牌子。

2018 年 4 月 2 日,国家移民管理局组建成立,主要职责是负责全国移民管理工作,管理全国出入境边防检查机构、边境管理机构各项工作,指导管理各省、自治区、直辖市公安机关出入境管理及业务工作。截至 2019 年 3 月,国家移民管理体制的改革调整已基本完成,国家移民管理局已经全面履行法定职能。[①] 为服务国家开放发展战略,进一步贯彻落实关于放管服的改革要求,国家移民管理局逐步推出了一系列措施,以鼓励、支持、便利外籍人才、外国优秀青年和外籍华人来华在华创新创业、投资兴业、学习工作,并取得了良好的社会效果。国家移民管理局的成立,是我国国际移民工作上升为国家事权的重要标志,也是我国出入境管理暨边防检查工作的一个重要里程碑。我国从此拥有了与发达国家对等的归口式管理的国际移民主管部门。这不仅为中国参与全球移民治理提供了条件,而且为中国强化本国的国际移民事务管理包括外籍人才治理提供了组织保障。

第三节　外籍人才工作的区域性探索

外籍人才的规模化是制度设计的基本条件。自改革开放以来,我国的外籍人才规模持续扩大,但呈现明显的区域性特征,迄今主要集中在上海、北京、深圳、广州等特大型城市。相应地,这些区域在引进、管理、服务外籍人才的过程中不仅较早形成了较为完整的体制机制和成熟完备的方

---

① 李玉坤:《国家移民管理体制改革调整已基本完成》,《新京报》,2019 年 3 月 19 日。

式方法，而且提前具备了实现外籍人才管理制度化亦即外籍人才移民制度设计的初步基础，这也是2021年中央人才工作会议要求北京、上海、粤港澳大湾区率先建设高水平人才高地的重要依据。

虽然中国总体上不属于移民国家，但鸦片战争之后的特殊发展历史使上海成为典型的移民城市。改革开放以来，上海市的外籍人才规模始终保持在全国的1/4以上。在国家上位法的基础上，上海制定了地方性法规，对外籍人才的劳动关系进行规范管理。其中，上海市颁布的《关于贯彻〈外国人在中国就业管理规定〉的若干意见》(沪劳外发[1998]25号)明确规定：外国人在本市就业(包括劳动报酬来源于境外，受派遣在本市工作3个月以上的)，应当申请办理《中华人民共和国外国人就业许可证书》和《外国人就业证》。只有持有《外国专家证》《外国人在中华人民共和国从事海上石油作业工作证》及《临时营业演出许可证》的外国人可免予办理就业许可证书和就业证。第九条特别强调：在中国留学、实习的外国人和在中国工作的外国人的随行家属要求就业，应当按该规定的审批程序申办就业许可和就业证，并持就业证到市公安部门办理居留证件变更身份手续。

《上海市中长期人才发展规划纲要(2010—2020年)》明确提出“积极争取国家支持，进一步完善永久居留制度，细化申请条件，规范申请程序，积极引进金融、航运及战略性新兴产业和高新技术产业化等领域高层次人才，探索试行技术移民制度”。2013年上海市“两会”期间，市政协提案便建议以浦东建设“国际人才创新试验区”为契机，在国家层面率先开展技术移民政策试点，包括丰富工作签证和技术移民类别，降低入境与居留的资格和条件，简化申请、延期和转换等手续，深化居留制度、出入境管理、技术移民、职业资格、知识产权等便利措施，增强对海外人才的吸引力和凝聚力。[①] 2014年5月22日，习近平总书记在上海召开外国专家座谈会时明确指出：“一个国家对外开放，必须首先推进人的对外开放，特别是

① 韩晓蓉：《市政协委员建议浦东率先试行技术移民政策》，《东方早报》，2013年2月1日。

人才的对外开放。”

2015 年 12 月 9 日,公安部与上海市人民政府签署了合作备忘录,积极推进完善出入境配套政策措施,持续推动上海科技创新中心建设,这是全国首次建立公安部与地方省(直辖市)政府之间的部市合作关系。合作备忘录的签署,标志着部市协作机制的正式建立,原公安部出入境管理局与张江高新区管委会建立定点联络合作机制,为外籍人才移民政策的先行先试提供了机制保障。2019 年 11 月 19 日,公安部与上海市人民政府签署《建立健全移民与出入境管理服务机制 推进实现上海高水平开放合作备忘录》,就充分发挥移民管理职能作用、改革创新移民管理制度机制、先行先试出入境政策措施、促进服务经济社会发展建立合作机制。新试行的出入境政策包括:上海引进的国际公认杰出成就的外国人,可直接申请永久居留。上海高新技术企业、创新型企业、重点高校、科研机构和金融领域引进、推荐的外籍高层次人才可申请永久居留,获得永久居留资格的高端人才可推荐外籍专业人才申请永久居留。公安部在外籍人才需求的基础上共计 4 批推出了 32 项出入境政策,分别是:2015 年 7 月 1 日,公安部出台支持上海科创中心建设政策措施十二条;2016 年 12 月 9 日,公安部进一步支持科创中心建设出入境政策“新十条”;2018 年 1 月 16 日,“上海出入境聚英计划(2017—2021)”正式发布;2019 年 11 月,出台支持上海自贸区临港新片区外籍人才出入境政策。其中,共计 7 项政策措施在张江示范区先行先试。

在《实施珠三角规划纲要 2016 年重点工作任务》中,广东省政府就提及制定促进广东自贸试验区人才发展意见,包括争取国家授权在南沙、前海、横琴开展技术移民制度试点。2017 年 10 月,深圳明确提出“在创新海外高层次人才引进机制上,将实施更加开放的全球引才制度,争取国家支持,探索开展技术移民试点”。2019 年 1 月出台的《关于进一步促进科技创新的若干政策措施》(粤府〔2019〕1 号)对吸引技术移民政策进行了全方位的界定。2019 年 2 月发布的《粤港澳大湾区发展规划纲要》首次提出“在技术移民等方面先行先试,开展外籍创新人才创办科技型企业享受国民待遇试点”“技术移民”正式上升为国家赋予粤港澳大湾区的任务。2021 年 7 月 1 日正式施行的《广州市科技创新条例》再次明确相关政策，意味着粤港澳大湾区开始加速探索技术移民制度。

此外，2020 年 6 月 1 日，中共中央、国务院印发了《海南自由贸易港建设总体方案》，对人才的个人所得税征收上限为 15%，实施更加便利的免签入境政策，实行外商投资准入负面清单，进一步缩小外商投资审批范围，率先提出对外籍人员工作许可实行负面清单管理，以更大力度推进对外开放。公安部、科技部（国家外国专家局）等国家部委与部分省区市之间的部市合作机制，以及地方政府牵头进行的区域性技术移民政策探索，尤其在签证政策、外国人身份证件管理、外籍人士享受国民待遇、入出境便捷、社会融入等方面的一系列举措，都为我国后续的外籍人才移民制度探索提供了重要的经验积累和试错实践，为后续的制度设计提供了实践依据。

第四节 外籍人才领域的政策建言

随着外籍人才规模的持续扩大以及各级政府对外籍人才工作重视程度的不断提高，我国学术界对技术移民议题的研究成果显著增多，尤其在技术移民立法和制度设计方面进行了深入的学理探索，促成了积极的公众认知和舆论导向，并为相关部门的政策设计提供了宝贵的基础数据、政策模拟、风险评估结果、前景预测结论及具体建议等。总体来看，相关研究分为三个方面：

一是在系统分析而不仅仅是介绍西方技术移民政策经验的基础上，对我国学习借鉴西方创设技术移民制度提出具体的政策建议。比如，姬虹（2013）从成因、内容、评估三个方面深入分析了美国的技术移民制度，认为这是美国成为全球人才大国的主要原因之一[①]；吴文峰等（2019）专

① 姬虹：《美国技术移民与人才引进机制研究》，《美国研究》，2013 年第 3 期。

门分析了《英国未来技术移民白皮书》，认为对我国技术移民管理与服务的定位、构建中国特色“技术移民法”、构建中国技术移民“渔网理论”体系和“多元融合”的保障体系具有重要意义，并提出完善“中国特色的技术移民”法律政策制度，建立技术移民“多元融合”保障体系，走出有中国特色的技术移民之路。[①] 黄菁华等（2019）从坚决维护国家安全、坚持引进与筛选相统一、保护本国劳动力市场、高度重视移民融入四个方面对德国的技术移民制度进行了分析，认为我国应当借鉴德国技术移民政策的成功经验，加快技术移民立法进程，完善移民管理法律体系，深度参与国际人才竞争。[②]

二是对我国的技术移民立法进行可行性分析和预研究。比如，刘国福（2011）研究了主要发达国家和地区的技术移民法，梳理了技术移民法的历史和发展，认为中国可借鉴发达国家较为成熟的技术移民引进制度，为中国引进海外人才建立相应的法律制度。[③] 刘国福、王辉耀（2012）针对“中国特色的技术移民法”工作，认为我国可以利用《国家中长期人才发展规划纲要（2010—2020 年）》《中国 21 世纪议程》等提供政策性支持；利用外国人、外国专家出入境等相关制度提供法律性保障；利用成熟的综合国力竞争、引进外籍人才等研究作为理论基础；利用国际人才市场机制和中国特色社会主义市场经济体制作为体制保障；利用相关的外国人居留、就业、出入境和外籍人才数据作为统计基础；利用老牌移民国家的技术移民立法经验作为借鉴基础。[④] 郭玉贵（2017）建议正视全球人才竞争的历史发展必然性，加速技术移民立法工作，尽快构建创新与开放的新时代中

---

① 吴文峰：《〈英国未来技术移民白皮书〉的理念、特点及对中国的启示》，《武警学院学报》，2019 年第 7 期。

② 黄菁华：《完善我国技术移民的法律制度研究——基于德国的经验》，《中国经贸导刊》，2019 年 11 月中。

③ 刘国福：《技术移民法律制度研究——中国引进海外人才的法律透视》，中国经济出版社 2011 年版。

④ 刘国福、王辉耀：《技术移民法立法与引进海外人才》，机械工业出版社 2012 年 11 月版，第 21—23 页。

国特色技术移民制度。[①] 刘冬伟(2020)建议通过借鉴技术移民大国的立法经验、转变立法理念、制定有关技术移民的专门法规、明确设定我国接受技术移民的标准、建立健全我国技术移民管理制度，进一步完善技术移民法律制度。[②]

三是对中国设计外技术移民制度进行预研究。高子平(2012)的《我国外籍人才引进与技术移民制度研究》通过对国内外技术移民政策体系和发展态势的跟踪，分析传统移民国家、非传统移民国家和新兴经济体加大技术移民引进力度的具体举措，提出必须在恪守"单一国籍"原则的前提下探索基于永久居留权的技术移民政策，将外籍华人人才作为当前技术移民政策设计的重点，在充分利用外国智力的同时注重移民的适应能力，并妥善处理人才引进、人口管理、就业市场稳定三者之间的关系。[③] 熊缨(2015)对西方发达国家引进技术移民的积分评估、职业清单、雇主担保和劳动力市场测试制度进行了比较，对中国探索建立具有自身特色的技术移民制度提出了借鉴思考。[④] 王世洲(2016)提出，我国应当建立对不同种类人才的使用与待遇制度，适时利用、调整与协调国外人才引进工作与其他领域发展的关系，特别重视利用国际人才培养国内人才的机制建设，并逐步树立现代的技术移民观念，克服传统的小农经济的人才观。[⑤]

卢奇骏(2020)建议研究制定"粤港澳大湾区技术移民管理暂行办法"，先行先试，加快建立"先进、科学、简明、易行"的技术移民管理体

---

① 郭玉贵:《构建新时代中国特色技术移民制度》,《社会治理》,2017 年第 10 期。

② 刘冬伟:《我国技术移民法律制度问题研究》,中国人民公安大学 2020 年度硕士学位论文。

③ 高子平:《我国外籍人才引进与技术移民制度研究》,上海社会科学院出版社 2012 年 8 月版。

④ 熊缨:《国际技术移民制度比较及其对我国的启示》,《中国人力资源开发》,2015 年第 13 期。

⑤ 王世洲:《我国技术移民法核心制度的建立与完善》,《中外法学》,2016 年第 6 期。

系。[①] 潘娜（2020）认为，制定中国特色的技术移民制度需要遵循“以我为主、按需引进、突出重点、讲求实效”的总方针，制定“按需引才，平衡市场”的策略，采取“保质纳才，开放渠道”的引才模式，实行雇主担保制与独立申请并举的技术移民制度，通过劳动力市场测试制度避免过度竞争，以积分评估解决永久居留问题。[②] 沈妍（2020）认为，我国已经具备法律政策基础，成立了统一的移民管理机构，并有国外相对完善的技术移民制度可以借鉴，建立技术移民制度的条件已经具备，应该加快推进相关立法，进一步完善外国人永久居留制度。[③]

从总体上看，国内各界充分认识到技术移民是发达国家治国理政的重要组成部分，技术移民制度为西方国家带来了额外的人才红利，是我国必须高度重视、认真学习借鉴的成功秘笈。正由于法制基础、机构设置、区域性探索、决策咨询研究等各个层面的积极进展相互影响、共同促进，使我国进行外籍人才制度设计的国内条件逐步成熟。但作为国家事权层面的顶层设计，必须通过系统、全面的学理阐释，洞悉外籍人才引进、管理与服务所处的历史方位，从而为目标设定与制度设计提供必要的理论、逻辑和方法论支撑。

---

① 卢奇骏：《加快制定粤港澳大湾区吸引技术移民先行先试政策》，《智慧中国》，2020 年第 8 期。

② 潘娜：《基于“问题—主体—机制”框架的国外技术移民制度比较研究》，《中国人事科学》，2020 年第 9 期。

③ 沈妍：《浅谈中国建立技术移民制度的必要性和可行性》，《江苏警官学院学报》，2020 年第 6 期。

第五章　我国外籍人才移民制度设计的条件分析

我国的海外引智工作在国际层面面临着新一轮科技革命和产业变革诱致的全球人才大变局，美国掀起的中美人才战加剧了这一变局的不确定性，全球化进入了新阶段；在国内层面，则亟须超越改革开放四十多年过程中形成的引才引智政策框架、体制机制和方式方法，直面第二个百年奋斗目标，构建一整套“聚天下英才而用之”的战略框架，进行前瞻性的顶层设计。这就需要进行条件分析，重点包括现有引才引智工作面临的主要瓶颈分析、未来中国的外籍人才规模预测、外籍人才移民面临的风险评估三个部分。

第一节　我国外籍人才引进管理面临的问题分析

自改革开放以来，我国确立了海外人才引进战略，制定了一系列吸引海外人才的法规和政策，并在技术移民制度设计方面进行了国际经验借鉴、地方性探索和学理分析等。但总体来看，我国还有待建立起全面、系统的中国特色的技术移民制度体系。由于人才引进的法律位阶较低，制度调整范围比较局限，部门文件、通知、行政规章占多数并且实质上替代了法律法规，政策碎片化、同质化问题较严重[①]，因此，我国还必须客观认识到，在技术移民制度设计方面尚处于早期探索阶段，并且面临着一些深层次的瓶颈。

① 熊缨：《国际技术移民制度比较及其对我国的启示》，《中国人力资源开发》，2015 年第 13 期。

一、社会共识尚未形成，社会公众甚至时有疑虑

我国的外籍人才引进始于邀请外国专家。在"四化"建设面临人才断层的特定历史阶段，我国相关部门通过邀请外国专家，补齐人才队伍的短板。大批外国专家发挥了重要的补充作用和引导角色，并获得了社会公众的总体认可，但这一群体形成了相对独特的生活环境（比如，外国专家楼），并且各地各部门普遍提供了一定的福利待遇和工作便利。外国专家成为我国社会主义建设战线上的一道独特的风景线。自 1996 年起，上海等地开始出现"洋打工"，外国专家之外的其他外国人包括外籍人才进入中国社会，并且规模持续扩大。比如，上海是我国外籍人才规模最大的城市。2017 年 4 月，全国全面实施外国人来华工作许可制度以来，截至 2020 年 12 月底，上海累计核发《外国人工作许可证》26 万余份，其中，外国高端人才（A 类）近 5 万份，占比约 18%，引进外国人才的数量和质量均居全国首位。但长期以来，我国只有入出境管理部门、外国人就业许可部门，却没有归口式管理外国人包括外籍人才的部门，结果是外国人入境之后、出境之前的在华工作与生活面临一定程度的管理"真空"，既为少数外国人享受"超国民待遇"留下了政策空间，又使不少外国人得不到最基本的国民待遇，甚至面临着就医难、出行难等日常问题。

我国社会公众对于外国人"超国民待遇"的早期关注始于 1993 年，主要围绕外资企业享受的特殊政策优惠等，并且有学者将"超国民待遇"与"非国民待遇"进行辩证分析。[①] 外资企业包括外资银行的"超国民待遇"引发的反弹随着税率的统一而渐趋消弭，但外国人尤其外籍人才的所谓"超国民待遇"问题一直没有得到解决，甚至没有较为完整的解读，更没有归口式管理部门。外籍人才只是中国经济科技发展的参与者，在社会参与与融入方面的程度不高。2021 年 2 月，《外国人在华永久居留条例（征求意见稿）》发布后引起的舆情风波集中反映了这一困境。

---

① 闫平：《"超国民待遇"与"非国民待遇"》，《上海国资》，2000 年第 10 期。

根据本团队当时的舆情跟踪结果，截至 2020 年 3 月 1 日凌晨，微博平台帖文居多，微博话题＃外国人永久居留管理条例＃阅读量超过 8.9 亿，讨论近 50 万次，出现了诸如@今天看好戏、@汉家新闻眼、@月白 Anny、@华夏女娲、@习五一、@刘仰、@纸上速评、@花逝守护等自媒体、大 V、活跃网民。天涯论坛、百度贴吧、豆瓣、知乎等平台亦有少量讨论。在一些媒体发布的有关“你支持外国人在中国永久居住吗”“你支持条例通过吗”等投票中，支持票与反对票相差悬殊。舆情反馈以情绪化的负面言论居多，理性分析较少。值得关注的是，包括律师、科研人员、教师等在内，一批专业人士扮演了很重要的角色。相对而言，香港地区的《信报》《中国日报香港版》《华侨报》等共计 6 家媒体进行了报道，表述较为中性。台湾地区报纸和电视台均没有专门报道，只是台湾最大的社交网络平台 PTT 上有 53 条评论。

不难看出，这是中国大陆公众对于在华外国人管理与服务工作的一次比较集中的情绪性爆发。尽管存在疫情防控期间社会公众心理焦虑、网络炒作成本低廉等客观因素，但归根到底，暴露了长期以来我国外国人管理工作可能存在的缺失，也进一步验证了建立归口式管理部门（国家移民管理局）、将国际移民事务上升为国家事权的必要性与紧迫性。在长期非移民文化传统、近代中国社会曲折历史背景下，加之对外国人管理工作的不了解，社会公众在网络平台上获取信息的途径类型不一，甚至直接将网络平台视为出气筒或者炒作平台，折射了中国社会公众对于外籍人才领域深度开放的某种复杂心态。换言之，基本的社会共识远未达成。包括国家移民管理局在内，后续的立法工作还需要进行大量的宣传教育甚至常识普及工作，以及各类专题性研究与信息（新闻）发布工作。

二、政策惯性强，很多政策难题未能得到及时解决

1980 年 10 月，国务院批复外国专家局、教育部制定了《外国文教专家工作试行条例》，并通过内部下达试行，从聘请、使用、生活接待、组织管理等 9 个方面规定了外国专家工作，明确规定，国务院外国专家局是国务

院归口管理外国专家工作的办事机构。在邓小平同志发表海外引智工作的指导性讲话之后，国务院随即颁布了《关于引进国外人才工作的暂行规定》，要求在充分利用外资和引进国外先进技术的同时，积极地、有计划地、有步骤地引进国外人才，从而拉开了改革开放条件下引进外籍人才的序幕。各部门相继出台了一系列的政策文件，并颁布、修订了相关的法律法规，使得外籍人才工作初步做到了有法可依，并在外籍人才的引进、管理中发挥了积极的作用，为完善我国的技术移民法律制度打下了坚实的法律基础。

1983 年 9 月 26 日施行的《关于引进国外人才工作的暂行规定》强调海外人才的引进必须实行计划管理，并且确定了重点引进、分批进行、国内分别归口管理、国外单头联系、计划报批、引进国外人才专项费用支持、以合同聘用来华专家、特殊安排来华专家生活待遇和工作条件、严格保密引进国外人才资料、简化出入境和居留手续 10 项制度。这 10 项制度对以后引进海外人才工作包括外籍人才工作产生了深远的影响。这是我国迄今引进外国专家最重要的法律依据。

1986 年 2 月 1 日施行的《中华人民共和国外国人入境出境管理法》及其实施细则没有关于外国专家的专门规定，也没有延续《暂行规定》关于放宽来华专家出入境、居留、永久居留条件的规定，以至于相关部门不得不出台一系列补充性的规章或者政策。人事部 1995 年《关于回国（来华）定居专家工作有关问题的通知》，1996 年劳动部、公安部、外交部和外经贸部《外国人在中国就业管理规定》，国家外国专家局、外交部和公安部 1999 年《关于进一步加强外国专家管理工作的通知》，2002 年公安部等九部局《关于为外国籍高层次人才和投资者提供入境及居留便利的规定》，2007 年人事部等 16 部委局《关于建立海外高层次留学人才回国工作绿色通道的意见》，2008 年中央人才工作协调小组发布《关于实施海外高层次人才引进计划的意见》，2008 年《关于为海外高层次引进人才提供相应工作条件的若干规定》都不同程度地放宽了外国专家出入境、居留、永久居留及入籍条件。2014 年，我国开始《外国专家在中国境内工作指导目录及计点积分方案》的试点工作。

可见,由于长期在海外人才工作框架内引进和使用外籍人才,在没有归口式管理部门的背景下,相关部门在自身的职能范围内出台政策文件,以行政规章作为推进工作的主要依据。事实上,政策性文件不能作为有关部门规范技术移民事务的直接依据,而只能指导或者间接规范技术移民事务。但在没有相关法律文件作出系统性规定的情况下,一些政策性文件的内容比较具体,成为规范技术移民的主要依据。因此,借助政策文件指导工作的基本格局已经形成,但立法工作却稍显滞后。比如,2012年《出境入境管理法》出台之后,很多学者认为这是我国国际移民方面的基础性法律,未来一段时间将要制定20多部配套性法律[①],但事实上迄今鲜有举动。正由于我国开展外籍人才工作的最主要依据是国务院及其各部门制定的规范性文件、地方政府部门规章和政策性文件,规范技术移民准入制度的仅有几部法律文件,位阶普遍较低,存在内容设定不完整、容易与相关法律文件形成冲突、公开性不强甚至行文不规范等问题。

(一)规范性文件的时效性差,时常出现前后矛盾的现象

已经颁布的管理文件很多都是20世纪80年代制定的,没有得到及时的修订或整理,或者修订并未触及实质性内容,只是根据部门工作需要不断地颁布新的政策规范,导致一些规范性文件相互矛盾冲突的问题,使相关主管部门及被管理者无所适从。这集中体现在1985年出台的《外国人出入境管理条例》方面,不仅没有承袭以往政策文件的精神精髓,而且导致后续的一系列补丁式文件陆续出台,加剧了规范性文件的部门化、碎片化倾向。

(二)部分规范性文件的行文不规范

由于笼统模糊、用语不严谨,而且有些内容不够具体,因此在实践中时常无法操作。例如,2012年《外国人在中国永久居留审批管理办法》第

---

① 刘国福:《中国技术移民制度的建设和展望》,《第四届移民法论坛:出境入境管理法、中国和世界论文集》,2012年11月18日。

十八条规定的“加入或恢复中国国籍，公安部门按照有关手续，加快办理”，“有关手续”是什么，何时能够出台？“加快”并不是法律用语，而是口头用语。再者，很多规范技术移民准入制度的文件缺乏及时更新，存在不符合当下潮流的情况。同时，各国一般以申请人的职业能力作为评判标准，而中国则以申请人的职位为衡量标准判断是否符合移民条件，比如，需要申请人在中国担任副厂长、副总经理等职务或者具有副教授等副高级职称。这种评判标准过于模糊和笼统，不利于移民主管部门对申请人的能力进行客观、公正的评估，也无法制定和调整职业清单。

（三）人才评价标准模糊，操作性不强

虽然《外国人入境出境管理条例》第六条规定了可以申请专门的人才签证即 R 签证，但申请人很难判断自己是否属于“外国高层次人才和急需紧缺专门人才”。由于我国并没有出台相关的配套规定，使得“著名”“紧急”的描述都过于模糊，不利于操作，相关部门的自由裁量权过大，不够透明，也会影响有意向来华工作的技术人才无法判断其是否达到了中国技术人才引进的标准，影响其移民到中国的积极性。归根到底，大量工作语言和行政话语充斥在政策文件之中，而严格规范的立法工作滞后，导致理解各异、操作两难，只能依赖于政策惯性。

三、学术界对发达国家成功经验的某些理解不精准、介绍不全面

技术移民制度源于西方。我国学术界的学习借鉴受到当时开放度仍不高、海外信息不对称、对海外动态的跟踪不及时甚至语言文化差异等的影响，在准确理解发达国家成功经验方面存在某些理解不精准、介绍不全面的现象。

（一）在部分文献的梳理介绍过程中，时常出现夸大其词甚至将国外经验理想化的现象

无疑，包括美国在内，西方发达国家的技术移民政策并非与生俱来的，而是经济社会发展到一定历史阶段的产物。但很多国内研究成果以

最新的时间节点为界进行介绍，压缩了西方技术移民制度演进的历程，甚至以中国国内的话语体系进行主观建构，从而出现了诸如美国的“人才强国战略”①、新加坡的“人才立国战略”②等，与事实相去甚远。笔者在新加坡国立大学期间曾进行实地调研和文献查找，新加坡三代领导集体及相关政策文本等均无相关印记。事实上，即使按照历史发展的真实轨迹，也很难用“人才立国”概括新加坡的多元移民政策，遑论作为西方自由主义大本营的美国。

（二）在学习借鉴过程中，有时忽略了中国国情，存在照搬照抄的倾向

从技术移民制度的发展历程来看，发达国家在劳动力移民政策的基础上普遍采用了积分评估制度、职业清单制度、雇主担保制度、劳动力市场测试制度四种制度。③ 但中国有两个特殊背景：中国是人口大国，拥有全球规模最大的劳动力市场，不需要进行大规模的劳务输入；中国不是移民国家，而且中华文化是唯一绵延几千年的独特文明。这是中国的人口基数大、劳动力资源充沛的国情所决定的，也是中国讨论技术移民制度设计问题必须秉持的最基本的原则。

有部分学者认为，《外国人在中国就业管理规定》是保障本国公民工作权和确保外国人技能的最重要条款，也是与劳动力市场测试最接近的条款，近年来的某些政策文件甚至开始涉足技术移民政策中的劳动力市

---

① 比较典型的著作、论文包括：梁茂信：《美国人才吸引战略与政策史研究》，中国社会科学出版社 2015 年 4 月版；马晓晖：《美国人才强国战略的特征及启示》，《中国组织人事报》，2012 年 11 月 26 日；薛伟：《美国人才立国的文化传统》，《人才资源开发》2009 年第 7 期；张玉芬：《美国人才强国战略及其启示》，《求索》，2006 年第 4 期；何德功等：《聚焦日本美国人才强国战略》，《中国组织人事报》，2004 年 2 月 14 日。

② 比较典型的论文和文章包括：柯尊韬等：《新加坡的人才立国战略及其启示》，《长江论坛》2019 年第 5 期；曹惠容：《新加坡实现人才立国战略的“三步曲”》，《东南亚纵横》，2012 年第 12 期；暨佩娟：《新加坡人才立国战略如何凸显奇效》，《国际人才交流》，2011 年第 11 期；杨凌志：《新加坡人才立国的实践与启示》，《宏观经济管理》，2004 年第 2 期。

③ 熊缨：《国际技术移民制度比较及其对我国的启示》，《中国人力资源开发》，2015 年第 13 期。

场举措等提法。问题的关键在于:中国需要引进技术移民,还是劳务移民?这是一个方向性、原则性的问题。尽管不能排除少数外国专家的家属安置、随迁外佣、边民短工、难民临工、外国留学生勤工俭学五种特殊情形,但中国不需要大规模吸引外国劳工,中国的技术移民设计不能照搬照抄西方的劳动力测试、积分评估等做法。

总之,发达国家在技术移民法中着重建立并完善了独立技术移民、劳动力市场测试、积分评估、移民配额、移民担保、外国人身份转换、弹性移民管理、移民融合 8 项制度。理解和参考发达国家和地区的 8 项技术移民制度并设计中国的技术移民制度,是探索技术移民立法的关键之一①,但必须从中国的特殊国情和历史文化背景出发,基于当前中国的国家利益诉求,尤其必须恪守以人才为核心的移民制度的特殊要义,防止沿袭西方以劳动力移民政策为基础进行技术移民政策设计。

四、立法工作稍显滞后,对一些具体问题的规定不明晰

目前,《外国人在中国就业管理规定》(1996 年 5 月 1 日起施行)、《外国人在中国永久居留审批管理办法》(于 2004 年 8 月 15 日施行)、《中华人民共和国出境入境管理法》(2013 年 7 月 1 日起施行)是我国外籍人才引进、管理、使用与服务的最主要法律依据,也是后续技术移民制度设计的法制基础。但综合评估以往的实践过程,发现现有法律文本存有一定欠缺,需要高度重视并在后续的修法过程中一并考虑。

(一)技术移民的基本类型不完整,始终没有纳入学生移民

1985 年 10 月 14 日开始实施的《外国留学生管理办法》(国发〔1985〕121 号)没有提及外国留学生毕业之后的去留问题。2000 年 1 月 31 日颁布的《高等学校接受外国留学生管理规定》第四十九条规定:“外国留学生毕业、结业、肄业、退学后,必须在规定的时间内出境。”2015 年,上海在自

① 刘国福:《中国怎样引进更多外国人才——技术移民法律制度的国际比较与借鉴》,《学术前沿》,2014 年 4 月下。

贸区、张江示范区探索了外国留学生毕业后的在华就业，随后其他省市偶有尝试，但总体来说，我国迄今尚未将留学毕业生纳入技术移民的范畴。事实上，学生移民与职业移民是技术移民中的两个基本门类。就地延揽外国留学生中的优秀人才，是发达国家长期推行的留学生政策的基本环节。其中，美国、英国、德国、日本、新西兰、德国的学生签证为 1 年，法国为 6 个月，荷兰为 3 个月，澳大利亚为 18 个月，加拿大为 3 年。美国等少数国家甚至将申请学生求职签证的时间前移到毕业之前。

（二）技术移民的申请渠道过于单一，无法独立申请技术移民

根据《外国人在中国永久居留审批管理办法》规定的申请类型，我国不允许独立申请，从而缺少了无工作邀请的外国人来华工作的通道。无论是外国专家来华工作、外国人在中国就业、海外高层次人才来华，还是外国人申请在中国永久居留，都必须事先取得工作邀请——通过或者借助雇主提出申请，因此，中国的工作签证和技术移民，是实质上的雇主担保（提名）型工作签证和技术移民。尽管中国随后出台了一系列引进外国人才的法规政策，但由于雇主担保（提名）型工作签证，加之对外国人在华永久居留实行严格控制，这恰恰是技术移民法中较为保守的一种类型。[①]综观美国等西方国家，职业签证种类繁多，足以弥补不允许独立申请移民导致的空缺。许多发达国家给予工作签证者配偶自动和无限制的工作权，而我国对外籍配偶申请就业的规定较为严格。

（三）雇主担保制度不完整，形成了“半”担保技术移民制度

之所以称之为担保，是因为无论是外国专家来华工作、外国人在中国就业，还是外国人申请永久居留，都必须先取得雇主的工作邀请，通过或者借助雇主提出申请。根据《2004 年聘请外国专家单位资格认可办理规定》，聘请外国专家的用人单位必须具有独立法人资格，经过行业资质认可，设有外国专家管理和服务工作的专门机构和人员，外国专家管理制度

① 刘国福：《中国怎样引进更多外国人才——技术移民法律制度的国际比较与借鉴》，《学术前沿》，2014 年 4 月下。

和外事工作人员制度健全,具有聘请外国专家所需的工作条件、生活设施和经费保障。上述条件缺少法人成立年限、资质认可年限、使用外国专家计划和培训本单位国内员工方案等具体性要求。[①] 结果是各地另附清单,实际操作过程中往往遗漏了大批民营高科技企业。2012 年《出境入境管理法》第十九条规定:出具邀请函件的单位或者个人应当对邀请内容的真实性负责。这只是规定了出具虚假邀请函件行为承担的责任,仍未规定不按照邀请函件聘雇外国人的责任。许多发达国家都实行了独立和有工作邀请并行的工作签证制度,从而保障了技术移民申请渠道的多样性。

(四)技术移民身份转换制度不完整,形成了部分转换的格局

外国人身份转换主要包括临时入境人员转雇员、留学生转雇员、雇员转永久居民、永久居民转公民(入籍)四种。如果建立了完善的外国人身份转换制度,就可以动态化管理在本国的外国人,否则,由于外国人身份转换需求不能得到满足,可能导致人才流失或者转入地下。但我国目前在外国人身份转换制度方面较为薄弱,只是实施了"半"雇员转永久居民,其他均没有规定或实施。依据《外国人在中国永久居留审批管理办法》的规定,外国雇员在符合极其严格的条件时可以申请永久居留。

《出境入境管理法》第 31 条第 2 款规定,符合国家规定的专门人才确需由停留变更为居留的外国人,可以办理外国人居留证件,进而放开了临时入境人员转雇员。2004 年,《外国人在中国永久居留审批管理办法》(2012 年修正稿)增加规定"在中国任职、就业并连续居留满十年、每年在中国居留不少于九个月",外国人可以申请永久居留,意图放开雇员转永久居留,但依然没有放开留学生转雇员、永久居民转公民的迹象。[②] 事实上,作为技术移民的基本类别,西方各国高度重视学生移民的身份转换,

① 刘国福:《中国怎样引进更多外国人才——技术移民法律制度的国际比较与借鉴》,《学术前沿》,2014 年 4 月下。

② 刘国福:《中国技术移民制度的建设和展望》,《第四届移民法论坛:出境入境管理法、中国和世界论文集》,2012 年 11 月 18 日。

甚至不惜通过单列“人才签证”“创业签证”“创新签证”“科技签证”等提供制度保障。

(五)移民融入的相关规定较少,实际工作中的举措不多

随着中国的移民目的地特征日渐明显,不同来源地、族群的跨国移民在融入中国社会的过程中出现了不同的路径和模式。对当地社会而言,加深当地居民与移民之间的相互理解、消除文化隔阂与排外情绪、促进移民的社会融合,有利于享受跨国移民与人才迁入带来的移民红利。① 尽管我国的技术移民目前以中短期居多,但高层次人才的流动周期长、稳定性强,融入服务有利于这一群体安心在华从业,这无疑是我国技术移民工作的重点。

五、现有体制机制亟须完善,相关职能需要进一步整合

长期以来,我国移民管理的职能分布相对分散,外国人签证、居留、就业均由不同部门进行管理。《中华人民共和国出境入境管理法》第四条规定,公安部、外交部按照各自职责分别负责外国人停留居留管理、签发外国人出入境签证、实施出入境边防检查等出境入境事务的管理。国家移民管理局下辖的不同部门分别负责不同类型的出入境事务管理,或委托授权公安机关设立的出入境管理机构负责。《外国人在中国就业管理规定》规定,政府直接出资聘请的外籍专业技术和管理人员持有外国专家局签发的《外国专家证》就业;中央级用人单位、无行业主管部门的用人单位聘用外国人需到劳动行政部门发证机关提出申请和办理就业许可手续;获准来中国就业的外国人需到中国驻外使领馆申请职业签证。外国人入境、居留、就业、管理先后牵涉到外交部、公安部、教育部、文化和旅游部、人力资源社会保障部、商务部等部委及科技部(外国专家局)。负责具体实施的部门有驻外使领馆、公安出入境、边防、地方劳动部门、基层派出

① 周雯婷:《在华外国人社会融合的现状与问题——以在沪日本人为例》,《世界地理研究》,2019 年第 1 期。

所、街道办事处，由于多头管理影响信息共享，在一定程度上降低了行政效率①，因此不同层级、部门之间的职能需要进一步协同。造成这种局面的根源在于外籍人才管理的定位发生了几次变化，尤其对外籍人才管理与其他外籍人士管理之间的关系尚需进一步明晰界定。为了保证移民管理工作的顺畅、高效运行，在国家移民管理局及外国专家管理体制调整的基础上，我国需要进一步重塑职能配置，理顺部门关系，健全部门之间的协调配合机制，为国际移民治理和技术移民立法工作提供体制保障。

六、人才标准正在建立，人才评价工作机制有待健全

能力评估是技术移民的最关键环节。目前，国际通行做法是以申请人职业为基础进行评估，而我国基本上采用的是以申请人职位为基础的技术移民制度。相对于职位来说，职业的内涵较具体，有相对统一的标准，甚至能够引入国际职业资格等，并且能方便移民主管部门对申请人的能力进行评估。相对而言，职位的内涵空泛，因行业、机构的不同而有很大的差异。这就导致移民主管部门往往难以客观地评估申请人的能力是否能胜任某一职位。比如，《外国人在中国就业管理规定》第六条规定："用人单位聘用外国人从事的岗位应是有特殊需要，国内暂缺适当人选，且不违反国家有关规定的岗位。用人单位不得聘用外国人从事营业性文艺演出，但符合本规定第 9 条第 3 项规定的人员除外。"一方面，"特殊需要"几乎没有量化标准，迄今也没有形成内部惯例；另一方面，"国内暂缺适当人选"通常难以测量。

目前，永居审批主要依据的是《外国人在中国永久居留审批管理办法》第六条第二款的规定："在中国担任副总经理、副厂长等职务以上或者具有副教授、副研究员等副高级职称以上以及享受同等待遇，已连续任职满四年、四年内在中国居留累计不少于三年且纳税记录良好的。"一方面，如何相对清晰地认定不同企业的副总经理、副厂长等职务的重要性；另一

① 沈妍：《浅谈中国建立技术移民制度的必要性和可行性》，《江苏警官学院学报》，2020 年第 6 期。

方面，关于副教授、副研究员等副高级职称标准的规定，与国际人才市场推行国际职业资格的通行做法需要衔接。目前，苏州（2017）、南京（2021）、深圳（2022）等地区正在探索进行比照认定。

2017 年 4 月 1 日，全国已统一实施外国人来华工作许可制度，将来华工作的外国人分为外国高端人才（A 类，鼓励类）、外国专业人才（B 类，控制类）、外国普通人员（C 类，限制类）三类，按照外国人来华工作分类标准实行分类管理。其中，外国高端人才 A 类是指符合“高、精、尖、缺”和市场需求导向，中国经济社会发展需要的科学家、科技领军人才、国际企业家、专门特殊人才等，各地在实施过程中也进一步通过描述的方式进行了界定，以便于操作。比如，深圳市认定的 A 类人才包含诺贝尔奖获得者（物理、化学、生理学或医学、经济学奖），担任过境外世界知名大学校长、副校长，世界著名乐团首席指挥、艺术总监、首席演奏员，或近 5 年担任过声部首席演奏员，近 5 年直接培养出奥运会冠军或近两届列入奥运会项目的世界杯、世锦赛冠军的主教练员，曾获中国国家最高科学技术奖、美国国家科学奖章、法国全国科研中心科研奖章、英国皇家金质奖章等。

七、外籍人才存在多证并用现象，需要启动证件管理体制改革

由于我国的外国人才管理工作主要由公安部门、劳动人事部门、科技部门等分头管理，加之不同部门的主要管理环节（侧重点）不同，形成了不同的审批权限、不同的证件形式以及不同的工作流程。本团队于 2021 年 6—9 月间针对上海等地区的调查结果显示：

（一）外国人持有多种证件现象比较常见，持有者规模不一

任何外籍人士的居留都必须获得接受国的正式许可，通过办理相关证件的形式赋予当事人在居留国的行为权利并约定相应的义务。同时，作为我国外国专家工作的历史沿袭，外国人就业许可始终与居留许可分属不同部门，各自侧重不同环节，前者关注的是居留资格（“人”的管理），后者关注的是从业资格（“才”的管理）。国家层面的外国人永久居留资格

主要针对做出较大贡献的外籍人才。上海市居住证B证(《海外人才居住证》)等地方性证件则针对各地公共服务不均等、公共福利层次不一的客观现实,赋予外籍人才享受与当地市民同等的公共福利待遇。相应地,外籍人才的证件持有情况极为复杂,统计结果(多选题)显示,81.40%的受访者持有外国护照,62.80%的持有外国人工作许可证,57.50%的持有工作居留许可,35.40%的持有永久居留身份证,另有7.10%的持有《上海市海外人才居住证》,5.30%的持有其他证件(见图5—1)。可见,多证并用现象较为频发。

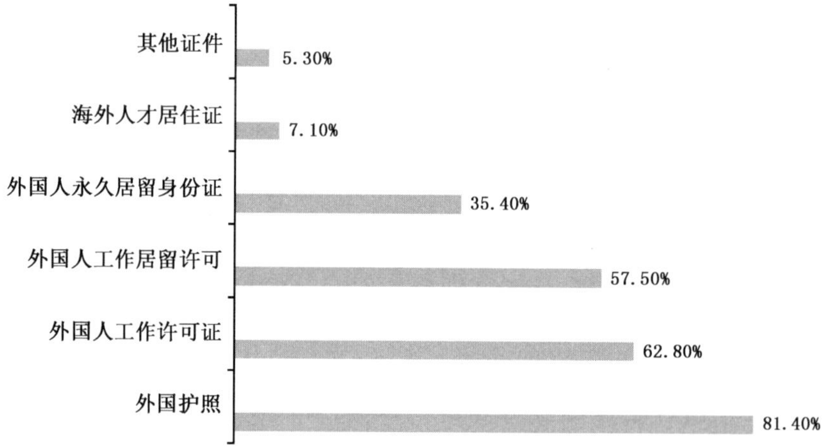

图5—1 外国人持有的证件类型(多选题)

(二)证件功能层次不一,交叉使用现象频仍

正由于不同证件的功能不同,功能之间的协同性不足,一方面,导致应用性功能的层次性差异,比如,外国护照、居留许可、工作许可证件属于基础性的证件,而地方性证件通常属于补充性证件;另一方面,正由于没有一个证件能够涵盖各项功能,相对于中国居民身份证,持永居证或地方海外人才居住证只能实现部分场景、部分区域的应用,包括永居证编码与中国居民身份证编码规则差异造成许多服务系统无法兼容,直接结果是外国人必须多证并用。

统计结果如图 5—2 所示，尽管推出了一系列的证件，但外国护照的单独使用频率最高，达到 60.20%；相对而言，永久居留许可证涵盖的事项较多、权限较大，持有人的单独使用率较高，达到 14.20%。另外，交叉使用工作许可证和工作居留许可证的比例为 6.60%，交叉使用工作许可证和外国护照的比例为 3.10%，交叉使用居留许可和外国护照的比例为 3.10%，交叉使用工作许可证、工作居留许可证和外国护照的比例为 3.10%，可见交叉使用现象较为频繁。

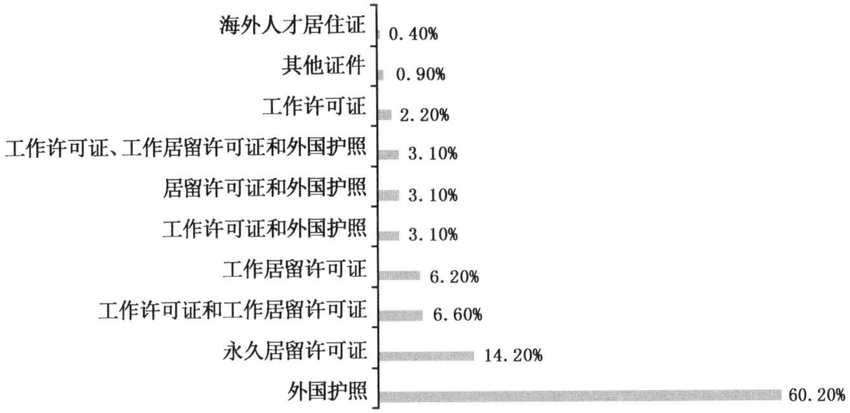

图 5—2　外国人日常使用最多的证件(多选题)

(三)证件办理程序烦琐、过期及漏办情况时有发生

由于不同证件之间的功能差异较大，不同部门之间办理证件的时间、要求不同，导致办理程序烦琐，相应地，过期及漏办情形较多。本次统计结果如图 5—3 显示，尽管高达 63.70%的受访者主要交由单位代为办理相关证件，另有 22.60%的受访者与单位共同办理证件，但依然有 9.70%的受访者出现过至少 1 次的证件过期或者漏办现象，另有 4%的受访者多次遇到过类似现象。

(四)不熟悉、不认可、不兼容情形较多，证件使用不方便

外国人才的日常生活和工作所涉事项繁多，在出行购票、办理金融

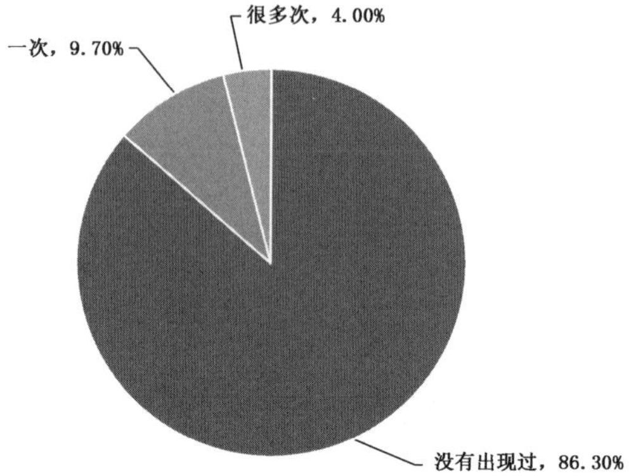

图5—3 是否出现过证件过期、漏办等现象

业务、就医就学等过程中，不仅面临着需要使用不同证件或者需要同时使用几个证件的情形，而且会面临相关部门或系统不熟悉、不认可、不兼容某证件的现象，造成诸多不便。有受访者指出："外国人永久居留身份证国内很多场合不能自动识别及使用，或在证件类型中根本没有此选项。"

统计结果如图5—4所示，24.80%的受访者表示经常遇到多证并用带来不便的情形，35.80%的表示偶尔遇到类似情形，加总超过了六成(60.60%)。有受访者表示："银行开户、酒店入住、机票、高铁票等出行等用外国人永居证几乎都不成功(不知道是不是读卡机有问题)，强烈希望能改进。"可见，多证并用不仅没有为外籍人才的日常工作和生活带来便利，反而造成了各种不必要的不便和困扰。

大量在华外国人并无我国统一发放的智能化身份证件，政府管理和社会服务部门为了方便管理和服务，在相关领域发放诸多载有外国人各类相关信息的证明许可，不但增大了外管工作量，而且也不便于外国人在华工作和生活。在信息技术快速普及的背景下，作为信息终端载体的身份证件却依然存在防伪性能不高、不含信息芯片、功能不强的缺陷，甚至仅仅是一张纸质的居留证，这种情况造成了信息录入、更换、查询、应用等

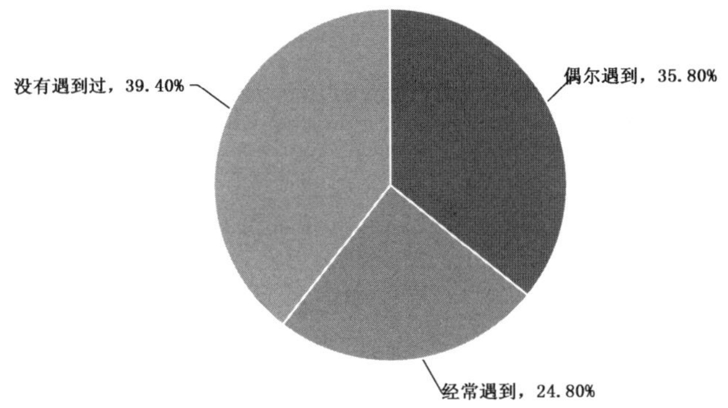

图 5—4　外国人使用证件不便的概率

方面的繁杂与不便。[①] 当前，全国各地都加快了数字化转型进程，也需要注意外籍人才在日常事项中面临的不便。

第二节　我国外籍人才移民的需求预测

我国的技术移民工作进入了全新的历史拐点，亟须面向2035远景目标，根据国家治理体系与治理能力现代化的总体部署，加快从海外人才引进与管理的政策体系向技术移民制度体系的跃升，为迎接全球人才大变局营造人才制度优势，并为构建“统一领导、多元共治”的国际人才治理体系奠定制度基础。这就需要在准确研判全球人才竞争形势的基础上对我国的技术移民需求进行科学预测，为后续制度设计提供依据。在现代治理体系中，基于动态数据的科学预测是后续各项工作的基本条件。西方早在20世纪80年代就有相关研究，并且初步形成了一套基于西方社会实践的移民人口测算方法；部分文献也对技术移民的规模进行了剖析，如Dean H. Judson(2006、2011)、Michael Jandl(2011)等。相对而言，国内学术界针对外籍人才规模的测算仍处于起步阶段，如董桂才(2016)、梁玉成

① 胡黎阳：《在华外国人身份证件智能化改革初探》，《北京警察学院学报》，2019年第1期。

(2019)、熊峰(2020)。近年来,在华外籍人口和人才规模不断增长。第七次人口普查结果显示,截至 2020 年 11 月 1 日,在华常住外籍人员共 845 697 人。其中,男性为 402 026 人,女性为 443 671 人。本部分在国内外相关研究的基础上主要依据 2009—2019 年上海市外籍人才数量及其占全国的比重,核算当年度全国外籍人才的规模,并分别根据下述几种变量形成计算公式,预测 2035 年我国外籍人才的总体规模,为未来中国的技术移民政策设计提供参考。

一、依据外籍人才的年均增长率进行测算

2009 年,上海的外籍人才规模约为 6 万人;2019 年增至 8 万人,占全国的比重为 8%。据此可得,2009—2019 年的 10 年中,我国外籍人才的年均增速为 2.91%,按照这一速度,2021 年全国外籍人才数量为 105.90 万人(包括各类居留期限)。预测 2035 年我国外籍人才规模的计算公式为:

$$Y_t=(1+\beta_{it})^t\times Y_0$$

其中,Y_0 为 2021 年外籍人才测得数据 105.90 万人,$\beta_{it}=2.91\%$,Y_t 为相关年份外籍人才规模。计算结果如表 5—1 所示。

表 5—1　　2021—2035 年外籍人才测算结果　　单位:万人

年　份	总人数	A类	B类
2021	105.92	19.07	86.86
2022	109.01	19.62	89.39
2023	112.20	20.20	92.00
2024	115.47	20.78	94.69
2025	118.84	21.39	97.45
2026	122.31	22.02	100.29
2027	125.88	22.66	103.22
2028	129.55	23.32	106.23

续表

年　份	总人数	A类	B类
2029	133.33	24.00	109.33
2030	137.22	24.70	112.52
2031	141.23	25.42	115.81
2032	145.35	26.16	119.19
2033	149.59	26.93	122.67
2034	153.96	27.71	126.25
2035	158.45	28.52	129.93

如表5—1所示，按照近10年的外籍人才年均增速，总规模将在2025年超过118.84万人，2030年达到137.22万人，2035年达到158.45万人。其中，A类人才将在2025年达到21.39万人，2030年达到24.70万人，2035年达到28.52万人；B类人才将在2025年达到97.45万人，2030年达到112.52万人，2035年达到129.93万人。

由于全国开放程度不断提升，上海市外籍人才占全国的比例近年来有所下降，而且外国专家局的数据显示，2011年以来的外籍人才年均增速为5.54%(2011年至2021年从52.9万人增至90.7万人)，因此，上述测算可能低估了全国外籍人才的增长速度。为获得较准确的估计，下面进一步根据经济增速、外商投资和国外专利增速、联合国移民存量估计数据进行更大区间的测算。

二、根据经济增速等进行测算

2020年，我国GDP总量约为101.60万亿元人民币、外国直接投资存量为1 443.7亿美元、科技研发投入为2.4万亿元人民币。其中，“十四五”期间的GDP增速预测约为5.6%，与近年来外国专家局公布的外籍人才增速大致相同。依据其增速的最高值和最低值，可计算出外籍人才较高的规模区间。此外，近年来外商直接投资存量增速约为3%、国外发明专利受理量的增速为 4%—5%，与上海市公安局 2011—2020 年外籍专家数据的增速大致相同，可根据变化情况计算较低的人数区间。测算公式为：

$$Y_t=(1+\beta_{it})^t\times Y_0$$

其中，Y_t 为 2022—2035 年的外籍人才预测规模；β_{it} 为相关年份的外籍人才增长速度；Y_0 为 2021 年即初始年份的中国外籍人才测算数据。由于 β_{it} 不能直接获得，因此用中国 GDP 增长速度、外商直接投资增长速度以及国外发明专利受理量增速近似替代 β_{it}，作为外籍人才增长速度的替代变量。

需要说明的是，关于中国经济增长速度的基准值、最高值和最低值，中国社会科学院的李平等(2017)综合相关研究数据认为，2021—2025 年中国经济增速可能在 5.5%—6.7%之间，2025—2035 年中国经济增速可能在 4.4%—5.6%之间。相关预测与国际经济组织的预测较为接近，为学界等所接受。本书参照中国社会科学院的预测数据，认为中国 2021—2035 年的潜在经济增长率大致如表 5—2 所示。同时，专利申请增速和外资规模增速的估计值根据 2021 年以前年份数据的 5 年移动平均值计算，作为对潜在经济增长趋势测算的参考。

表 5—2　　2021—2035 年中国潜在经济增长率趋势

年　份	基准值	最高值	最低值
“十三五”(2016—2020)均值	6.4	6.5	6.0
“十四五”(2021—2025)均值	5.6	6.0	5.2
“十五五”(2026—2030)均值	4.9	5.5	4.3
“十六五”(2031—2035)均值	4.5	5.1	3.6

在 2021—2035 年基准经济增速以及最高值和最低值情况下，下面分别测算外籍人才的初步规模。在基准经济增速下，2021—2027 年中国经济年均增速预计均在 5%以上，同时外籍人才规模预计增长至 146.29 万人；2028 年后，中国经济增速预计为 4.4%—4.9%，外籍人才规模增长略

有放缓,将从153.61万人左右增至180.93万人。同时,按照经济增长的最高值计算,外籍人才预计将在2025年达到134.07万人、2035年达到226.42万人;按照经济增速最低值计算,外籍人才人数预计在2029年超过150万人、2035年为195.13万人。因此,依据经济增长速度进行预测,外籍人才规模在“十四五”时期约为130.20万—134.07万人,在2035年左右约为195.13万—226.42万人。其中,A类人才在2025年为23.44万—24.13万人、2035年为35.12万—40.76万人;B类人才在2025年为106.76万—109.94万人、2035年为160.01万—185.66万人。

表5—3　　依据经济增速预测的外籍人才规模　　单位:万人

年份	总量			A类			B类		
	基准	最高	最低	基准	最高	最低	基准	最高	最低
2021	105.90	105.90	105.90	19.06	19.06	19.06	86.84	86.84	86.84
2022	112.15	112.57	111.83	20.19	20.26	20.13	91.96	92.31	91.70
2023	118.54	119.44	117.87	21.34	21.50	21.22	97.20	97.94	96.65
2024	125.18	126.60	124.00	22.53	22.79	22.32	102.65	103.82	101.68
2025	132.06	134.07	130.20	23.77	24.13	23.44	108.29	109.94	106.76
2026	139.06	141.85	136.58	25.03	25.53	24.58	114.03	116.32	111.99
2027	146.29	149.94	143.00	26.33	26.99	25.74	119.96	122.95	117.26
2028	153.61	158.33	149.43	27.65	28.50	26.90	125.96	129.83	122.53
2029	161.14	167.04	155.86	29.00	30.07	28.05	132.13	136.97	127.80
2030	168.87	176.06	162.40	30.40	31.69	29.23	138.47	144.37	133.17
2031	176.81	185.39	168.90	31.83	33.37	30.40	144.98	152.02	138.50
2032	184.94	195.03	175.49	33.29	35.11	31.59	151.65	159.93	143.90
2033	193.45	205.17	181.98	34.82	36.93	32.76	158.63	168.24	149.22
2034	202.15	215.64	188.53	36.39	38.81	33.94	165.77	176.82	154.60
2035	211.25	226.42	195.13	38.02	40.76	35.12	173.22	185.66	160.01

下面进一步依据国外发明专利申请受理数量增速、外商直接投资规模等变量,对外籍人才的可能规模进行更大范围的测算。一方面,中国的国外发明专利申请的长期增速预计为4%—5%。根据国外发明专利申

请的增长速度,2030 年外籍人才达到 161.05 万人,2035 年达到 203.69 万人;另一方面,中国外商直接投资增速略低于经济规模和发明专利的增速,长期增长速度约为 3%。按照这一速度,外籍人才规模预计在 2035 年达到 165 万人左右。可见,按照发明专利和外商投资的增速来估计,2025 年中国外籍人才预计为 119.7 万—127.5 万人,2035 年预计达到 164.9 万—203.7 万人(见表 5—4)。

表 5—4　　根据国外专利增长和经济开放水平预测的外籍人才规模　　单位:万人

年份	国外专利增速	外籍人才估计数量			外商投资增速	外籍人才估计数量		
		总数	A类	B类		总数	A类	B类
2021	4.03	105.90	19.06	86.84	2.7	105.90	19.06	86.84
2022	4.76	110.16	19.83	90.33	3.3	108.79	19.58	89.21
2023	5.47	115.40	20.77	94.63	3.2	112.40	20.23	92.17
2024	4.73	121.73	21.91	99.82	3.2	115.98	20.88	95.10
2025	4.66	127.49	22.95	104.54	3.4	119.71	21.55	98.16
2026	4.73	133.43	24.02	109.41	3.2	123.77	22.28	101.49
2027	4.87	139.73	25.15	114.58	3.3	127.68	22.98	104.70
2028	4.89	146.54	26.38	120.16	3.2	131.84	23.73	108.11
2029	4.78	153.71	27.67	126.04	3.3	136.12	24.50	111.62
2030	4.79	161.05	28.99	132.06	3.3	140.55	25.30	115.25
2031	4.81	168.76	30.38	138.38	3.2	145.13	26.12	119.01
2032	4.83	176.88	31.84	145.04	3.3	149.83	26.97	122.86
2033	4.82	185.42	33.38	152.04	3.2	154.71	27.85	126.86
2034	4.80	194.35	34.98	159.37	3.3	159.73	28.75	130.98
2035	4.81	203.69	36.66	167.03	3.3	164.93	29.69	135.24

三、根据联合国移民存量数据进行测算

根据联合国经济与社会事务部对各国移民存量进行的长期动态跟踪

和统计分析，相关数据显示，中国的移民存量（主要是指技术移民）由1990年的37.6万人增至2020年的104.0万人，年均增速约为3.5%，其中，2000—2010年年均增速甚至高过4%。由于联合国移民存量数据为间隔5年数据，因此，先计算5年的年均增长速度，然后通过5年移动平均值计算2021—2035年的移民增长率。[①] 可见，2025年中国外籍人才数量将达到121.48万人，2030年达到145.17万人，2035年达到169.59万人（见表5—5）。

表5—5　　根据联合国移民存量数据的估计　　单位：万人

年　份	移民存量增速（%）	外籍人才估计数量		
		总数	A类	B类
2021	3.49	105.90	19.06	86.84
2022	3.49	109.60	19.73	89.87
2023	3.49	113.43	20.42	93.01
2024	3.49	117.39	21.13	96.26
2025	3.63	121.49	21.87	99.62
2026	3.63	125.89	22.66	103.23
2027	3.63	130.45	23.48	106.97
2028	3.63	135.18	24.33	110.85
2029	3.63	140.09	25.22	114.87
2030	3.16	145.17	26.13	119.04
2031	3.16	149.76	26.96	122.80
2032	3.16	154.49	27.81	126.68
2033	3.16	159.37	28.69	130.68
2034	3.16	164.40	29.59	134.81
2035	2.87	169.59	30.53	139.06

① 移民存量数据来源于联合国国际移民网站：https://www.un.org/development/desa/pd/zh/node/919.

依据不同增长指标进行测算后,主要发现如下(见表5—6):(1)外籍人才规模将在“十四五”期间持续增长,到2035年将比当前水平有较大幅度的增加;(2)依据2011—2021年外籍人才增速计算,外籍人才于2025年将达到118.9万人、2035年将达到158.4万人,其中,A类人才分别为21.4万人和28.5万人,B类人才分别为97.5万人和129.9万人;(3)依据经济增速测算,2025年外籍人才总规模均值约为132.1万人,区间值为130.2万—134.1万人,2035年总规模均值约为211.2万人,区间值为195.1万—226.5万人,其中,A类人才2035年约为38.0万人(区间值为35.1万—40.8万人),B类人才2035年约为173.2万人(区间值为160.0万—185.7万人);(4)依据国外发明专利受理量和外商投资规模的增速测算,2035年外籍人才规模为164.9万—203.7万人;(5)依据联合国移民存量数据测算,2035年外籍人才规模为169.59万人,其中,A类人才约为30.5万人,B类人才约为139.1万人。

表5—6　　不同测算方法及预测结果　　单位:万人

年份＼依据	2011—2021专家数量增速	经济增长速度		国外专利增长速度	外商投资规模增速	联合国移民存量数据
		均值	区　间			
2025	118.84	132.06	130.20—134.07	127.49	119.71	121.48
2030	137.22	168.87	162.40—168.87	161.05	140.55	145.17
2035	158.45	211.25	195.13—226.42	203.69	164.92	169.59

综上,根据不同的预测方法,2030年中国外籍人才规模可望达到140万—160万人,2035年可望达到160万—200万人。根据2035年中国人口总量为15亿的预测,外籍人才占全国总人口的比例最高可达0.001 33%。规模化的外籍人才要求规范化的管理制度,这也与以往外国专家系统针对外国专家的管理存在诸多差别,我国需要加快制度设计步伐。

第三节　我国外籍人才移民的风险评估

随着多元一体全球化时代的到来,西方发达国家摒弃了新自由主义技术移民政策，聚焦于科技创新所需的人才资源，借助于国际化职业社交平台、跨国学术组织、大数据等技术手段进行“精准引智”，基本形成了行政机构、市场主体、社会组织、专业部门“四轮驱动”的格局。我国无疑需要及时因应，加快技术移民制度设计步伐，但必须充分认识到全球人才大变局蕴含的一些风险和潜在成本，重点从国际人才流动、国家政治与战略安全、就业竞争与经济安全、文化认同（知）、社会融入、数据安全六个维度着手[①]，进行风险评估与预警机制建设研究。

一、人才成为国际竞争的新焦点，国际人才流动风险加大

在主权国家主导全球资源流动与配置的背景下，与科学革命、技术革命和产业变革直接相关的资源要素成为国际争夺的焦点，人才资源首当其冲，外籍人才引进、入出境、国内流动等方面的数据更趋敏感，致使人才安全风险加大。

（一）国际层面：人才上升为战略资源和国际争夺的焦点，人才资源的安全属性开始凸显

在中美两国尚无外交关系的情况下，曾进行过长达 15 年的大使级会谈，双方唯一达成的协议就与人才有关。这项协议声明中华人民共和国（美利坚合众国）承认在中华人民共和国的美国人愿意返回美利坚合众国，在美利坚合众国的中国人愿意返回中华人民共和国的，享有返回的权利，并宣称已经采取且继续采取适当磋商，使他们能够尽速行使其返回的权利。这份协议是《上海公报》发表以前中美两国达成的唯一正式协议，

---

① 高子平：《外籍人才引进的风险管理研究》，《中国行政管理》，2013 年第 9 期。作者在此文中涉及前四个维度的外籍人才引进风险问题，即国家政治与战略安全、就业竞争与经济安全、文化认同（知）、社会融入，尚未专门触及大数据背景下的数据安全问题，也没有涉及中美人才战背景下的流动风险问题。但近 10 年来，随着全球网络空间的迅速形成，主要源于西方的国际化职业社交平台不断涌现并介入国际人才流动与猎聘市场，国际人才数据权问题凸显。我国在技术移民制度涉及的过程中，一方面需要加快数字化进程，充分运用最新的信息技术手段和平台；另一方面，需要提高对国际人才流动过程中的数据安全意识，从数据安全的角度进行风险防范。同时，自美国于 2018 年 6 月发动中美人才战以来，国际人才流动风险尤其中美之间人才流动的风险问题不仅必须引起高度重视，而且必须进行长期应对。

也是中国在维护人才安全方面的胜利。周恩来在一次会议上评价中美大使级会谈说,“虽然会谈没有取得实质性的成果,但我们毕竟就两国侨民问题进行了具体的和建设性的接触。我们要回了一个钱学森。单就这件事来说,会谈也是值得的,有价值的。”①

早在9·11之前,美国便设有“签证预警专业清单”。9·11之后,形成了“美国职业移民签证敏感职业清单”,后又形成了“美国签证敏感专业列表”。2017年的《美国国家安全战略纲要》指出:“要通过限制STEM专业(科学、技术、工程和数学)留学生签证来保护美国的知识产权和高科技不外流,不被盗取。”这一纲要导致一部分学习人工智能、航空航天制造、核能源等敏感专业的学生的留学签证时效缩减为1年。2018年10月,美国工业安全局(BIS)罗列了14大类的先进技术进行出口管制,事实上即为技术封锁,其中包括生物技术、人工智能和机器学习技术、量子信息和传感技术、超高音速空气动力学技术、数据分析技术以及先进材料等。由于美国的本科专业以通识教育为主,学生对细分专业并不敏感,因此,这一清单主要针对硕士、博士研究生。2019年6月3日,中国教育部发布2019年第一号留学预警,针对中方部分赴美留学人员的签证受到限制的情形,提醒广大学生学者出国留学前必须加强风险评估,增强防范意识。

2020年5月29日,美国白宫再次发布新的签证禁令——《关于暂停部分中华人民共和国留学生和研究人员以非移民身份入境的公告》(Proclamation on the Suspension of Entry as Nonimmigrants of Certain Students and Researchers from the People's Republic of China),诬称中国政府利用一些中国学生(主要是研究生和博士后研究人员)从事非传统知识产权收集工作,规定自6月1日起实施该禁令,本科生以外的(亦即硕士、博士、博士后、访问学者等F和J持有者)申请F和J签证,如从中国军方[或军民融合(military-civil fusion)]获得费用,或受雇于中国军

① 王炳南:《中美会谈九年回顾》,世界知识出版社1985年版,第55—56页。

方，或在军方（或军民融合）机构从事科研、学习，将成为签证限制对象。

2022年1月21日，白宫宣布对科学、技术、工程和数学（STEM）领域的国际学生进行政策调整，以吸引后者毕业后赴美学习并留在美国。STEM可选实习培训（OPT）计划总共增加了22个学习领域，该计划允许在STEM领域获得学士、硕士或博士学位的F-1学生在美国停留最多3年并在他们的研究领域工作。相比于2020年4月的禁止敏感专业清单[生物技术、人工智能（AI）和机器学习技术、定位、导航与定时（PNT）技术、微处理器技术、先进计算技术、数据分析技术、量子信息和传感技术、物流技术、增材制造、机器人、脑一机接口、高超声速空气动力学、先进材料、先进的监控技术]，最新的专业清单为计算机科学相关专业和商业、数据分析专业大幅度松绑，但在材料专业、空气动力学专业、机器人专业仍然有所限制。

如今，中美人才战进入第三阶段，已经构成了中美两国竞争的基本维度，必将随着中美高强度持续竞争的展开而不断延伸。自拜登执政以来，中美人才战出现了一系列新的变化，主要包括：一是美国基于多边主义的考量，联合其他盎格鲁—撒克逊国家甚至多数西方发达国家和北约、欧盟等国际组织，已经初步形成新版的、更为排外（华）的“瓦森纳协定”；二是美国联合盟国共同对中国留学生、访问学者等设防，减少高端科研、高层学术领域的交流，甚至对中国理工科留学生强行拒签，阻断关键技术领域的知识交流与信息传播；三是美国与欧盟基于最新的数据联盟协定，共享中国的留学生、访问学者基础信息，形成更广泛的动态跟踪监控机制；四是中美人才流动中的价值观因素比特朗普时期进一步突出；五是重点针对芯片等具体战略性专业（行业）领域，综合考虑科技、产业、人才等维度的对华遏制。

在中美人才战持续加剧的背景下，澳大利亚、英国、加拿大等也都对中国留学生、华裔科学家等采取了各种限制措施。自2020年10月1日起，英国外交、联邦和发展办公室（FCDO）“扩大”了安全审查范围，审查对象包括所有申请学习与“国家安全”相关学科的外国研究生；申请者还必须披露自己与“军方”的关系。审查范围包括“先进的常规军事技术”,如飞机和网络,还可能包括人工智能、化学、物理、数学、计算机科学和一系列工程课程。2019 年 7 月 5 日,加拿大情报部门以“违反相关条款”(policy breach)为由将邱香果夫妇以及他们的学生带离加拿大国家微生物实验室。同时,一些澳大利亚政客和媒体热衷于炒作“中国渗透澳国高校”等不实言论,澳政府甚至在大学设立“反外国干涉工作组”,对大学开展国际合作处处设限,阻碍中澳两国正常的学术交流。可见,人才资源已经成为国家利益之争的重要标的。以美国为首的部分西方国家直接动用安全力量处理人才流动事务,不仅史无前例,而且使国际人才流动中的安全问题凸显,人才资源的安全属性凸显,从而使全球人才大变局平添了不确定性和安全风险。

(二)国内层面:改革开放之后形成的外国专家管理体制亟须完善,需要逐步建立面向各类外籍人才的开放动态管理体系

改革开放初期,我国作出了引进外国专家、利用国外智力的决定,并在 20 世纪 50 年代引进苏联专家的经验教训的基础上,形成了一整套外国专家管理体制。如今,外籍人才的规模迅速扩大,结构更趋多元,工作方式更加多样化,日常生活也更为灵活、分散和独立。目前,在华外籍人才规模约为 52.9 万人[①],另有近 50 万人的外国留学生。尽管按照人口比例来看,远低于世界各国(3.4%)包括东亚地区(0.5%)平均数,但绝对数量不小,甚至可能影响特定城市和区域的基本人口结构和社会稳定等。

尽管我国目前的海外人才引进尚未正式将外国优秀留学生纳入,但这一群体作为技术移民的基本类别之一,必须引起高度关注。同时,外籍人才在华从业方式也更趋灵活,与雇主担保之初的单位、岗位约定不同,进入中国之后自主择业甚至自主创业的个案越来越多,传统管理方式对于自主择业甚至创业的外籍人才而言,几乎没有任何约束。

---

① 截至 2021 年 8 月,在沪工作的外国人达 21.5 万人,占全国的 23.7%,居全国第一。依此测算,全国外籍人才规模约为 52.9 万人。

二、需要避免国家政治与战略安全维度的风险

外籍人才引进不仅是人口学意义上的跨国迁移行为，而且是国际市场上的人力资本流动与配置行为。实际上，加入 WTO 之初就有学者意识到："目前我国对于外籍人士来华工作方面，仍然存在一定的政策限制。这些政策限制一方面是基于国籍方面的考虑而设置的，另一方面是从国家安全和保密的角度来安排的。"①如今，在全球人才大争夺和新自由主义全球化退潮、国际政治格局深度裂变的宏观背景下，"人才安全"已经上升到国家战略的高度。外籍人才对国家安全的影响不再停留在"是否有影响"的层面，而是"存在哪些安全影响"以及"如何降低或避免消极影响"的问题。尤其在中美人才战过程中，外籍人才引进中的国家战略和安全风险是极其复杂而敏感的系统性问题。尽管美方的"中国行动计划"(China Initiative)遭遇多方反对而于 2022 年 3 月暂停，但相关行动对当事人的心理冲击严重外溢，对中美两国之间的科技合作、学术交流、人才流动与知识产权交易等的影响极为深远。

(一)外籍人才的政治权益诉求可能会提上议程

外籍人才的规模扩大后，必然会出现各种内部交流网络，并通过特定渠道或方式表达其诉求。印度裔科技人才在美国公共决策中日渐活跃的身影②，以及犹太人长期影响美国决策的网络体系，均需引以为鉴。另外，印度政府断然拒绝外籍印裔人士的政治捐款、在为外籍印度精英授予"海外公民权"时禁止其涉足印度公共事务等，即为规避负面影响、防止外籍人士介入本国政务的范例。北京奥运会前夕，韩联社于 5 月 3 日公开报道，以"中国韩国人会"为中心的北京和东北三省地区的在华韩国人为实现参政权展开了签名活动。签名活动从 4 月 25 日起在中国全境展开，

① 赵穆：《中国引进外籍人才面临尴尬 放宽限制呼声渐涨》，《国际先驱导报》，2003 年 11 月 19 日。

② 高子平：《印度海外科技人才与祖(籍)国的互动关系研究》，《世界民族》，2012 年第 3 期。

并提交给中国人大和中央选举管理委员会等有关机关。

（二）外籍人才的某些政治言行可能引发公众关注

相对于美国而言，我国的外籍人才来源国相对集中。这些外籍人才在华工作和生活期间很容易形成内部交流网络，并在涉及中国与其祖（籍）国双边关系议题时，公开表达政治立场甚至政治诉求。日本伊豆的加藤嘉一于2003年4月"非典"高峰时来到中国，北京大学国际关系学院毕业，多次声称"中国救了我"，并出版了著作《中国，我误解你了吗》[①]，一度成为中国媒体的座上宾，时常对中日关系等侃侃而谈。2012年5月20日，加藤嘉一针对"南京大屠杀"发表的言论引起轩然大波和各界愤慨。同年7月，加藤嘉一离开中国，前往美国哈佛大学担任客座研究员，继续以所谓中国相关研究协会的名义开展演讲及研究活动。近年来，针对中西方尤其中美之间的一些敏感事件，外籍人才通过网络蓄意发声博眼球的倾向值得引起关注。

三、外籍人才与本土人才的竞争关系凸显，存在就业机会竞争与经济安全风险

外籍人才的大规模涌入，必然与中国本土人才队伍之间形成激烈竞争。在改革开放前期，外国专家的规模小、层次高，与中国各单位的工作人员之间属于互补关系。但近年来，随着海归人才队伍和本土人才队伍的不断壮大，外籍人才、海归人才、本土人才三支队伍之间的竞争逐步形成。

（一）外籍人才与中国本土人才之间的竞争趋于激烈

近年来，中国在国际人才流动中的主被动关系得以扭转，逐步改变了国内优秀人才单向度外流的局面。发展态势良好的中国获得了在国际人才市场交易中的相对主动权，但中国国内的人才环境发生了深刻变化，对外籍人才的需求出现了层次性提升，替代性较强的外籍人才在中国的职

---

① 加藤嘉一：《中国，我误解你了吗》，华文出版社2010年8月版。

业发展空间显著变窄。相应地，以外国专家为代表的外籍人才在华优待将逐步减少，各类人才之间基于市场选择的竞争关系渐趋激烈，势必会给中国的就业环境造成比较大的压力。本土人才及用人单位对外籍人才的态度正在发生重大变化，社会公众对外籍人才的评价不再停留在身份层面。

（二）外籍人才对国家经济安全造成的潜在风险

与外国专家的计划式安排不同，越来越多的外籍人才通过市场化途径获得在华就业机会，但由于其中的一部分外籍人才没有获得相关部门的就业许可，擅自从业难免诱发经济纠纷。由于这些外国劳动者通常具有高学历或拥有一技之长，工作岗位的薪水较高，一旦提起诉讼，通常涉及金额较大，会给涉外劳动争议的审理带来很多困难。不仅如此，一些新行业、新业态很难定性，有些行为在一定形式上规避在法律之外，尤其近年来的灵活就业形式大增，对雇佣方的处罚时常缺乏法律依据。同时，非正规就业和非法就业行为违反了税收政策，给我国税收带来损失，并在事实上造成了外籍人士薪酬水平虚高的现状，在一线城市以外地区尤为明显。

（三）部分外国留学生非法就业扰乱了就业秩序

我国政府非常重视吸引外国留学生到我国就读。2010 年，教育部提出要扩大在华留学生规模、增加就业和移民的机会、丰富学生社团活动等学习体验。相对而言，我国的留学费用低，普通高校来华留学的学历生录取率平均可以达到 91.59％[①]，学历生的比例也在逐步上升，2021 年度已经升至 47.4％，硕士、博士占留学生总数的比例也达到 14.4％，但在就业方面的限制较为严格。依据《高等学校接受外国留学生管理规定》的相关条文，留学生在校学习期间不能经商就业或者进行其他的具有经营性的活动，勤工俭学除外。很多高校认为这些学生的生活压力不大，我国还处

① 王辉耀：《国际人才蓝皮书：中国留学报告（2016）》，社会科学文献出版社 2016 年版，第 213－214 页。

于低工资水平，对外国留学生勤工助学并无很大吸引力，无法对我国就业市场产生不利影响，将部分留学生的校外打工行为视为“体验生活”。还有观点认为，留学生校外多是从事语言培训，行业的特殊性及市场需求旺盛，对此应由市场来决定，不应予以干预，这也符合中外学生“趋同化”管理理念。[①] 有些高校已经开始对外国留学生从业进行指导。事实上，我国对于外国留学生的勤工俭学有着明文规定，并已在近年有所放宽。《中华人民共和国外国人入境出境管理条例》首次提出，想要参与勤工俭学或实习的留学生，必须在其居留类签证上注明该工作的时间和地点，离开原工作岗位的，应及时向其所在地公安部门报告。今后，随着外国留学生规模的不断扩大，尤其灵活就业的普及化，相关的劳动纠纷及维权问题在所难免。2020 年 6 月 10 日，教育部发布了《关于规范我高等学校接受国际学生有关工作的通知》，对国际学生进入中国高等院校本专科阶段学习的申请资格进行调整。

四、中华文化特质鲜明，外籍人才面临文化认知（同）风险

在外籍人才认知并认同中华文化的过程中，除外籍人才的个人因素及偏好或偏见之外，中华文化自身面临两个方面的挑战：一是中华文化本身的内敛性特质，并非单纯的经济参与或投身于中国市场活动便能适应，这与美国文化的市场化和市民化特征有着重大差别，不能简单地参照美国首先基于经济参与的移民历程及熔炉经验；二是中华文化目前处于转型、重塑的特殊历史时期，文化内涵与外延正在发生深刻变化，高度动态的文化载体时常使外籍人士难以断定真正的中华文化要素究竟包括哪些内容，以及如何对纷繁芜杂的文化现象进行判断与选择。经历四十多年的改革开放之后，中西方文化交流、交融使更多的西方文化元素出现在中国，中华文化不再是传统意义上的程式化的抽象概念。但在中西方尤其中美竞争加剧的时代背景下，文化属性和社会属性的巨大差异，意味着外

① 廖兴存：《外国留学生在华非法就业规制研究》，《江苏警官学院学报》，2017 年第 5 期。

籍人才的文化认同(知)是高度敏感的社会问题。相对于西方文化霸权之下的归化,中华文化认知与认同具有更加主动、积极的意义,但随着外籍人才规模的扩大以及中国本土文化自信的增强,这一群体对中华文化的态度也极易引发负面舆情,带来社会风险,包括某些知名外籍学者刻意宣扬中国的做法已经开始引起社会各界的警惕,逯论伏拉夫(Kokolevskii Vladislav)们各种夸张式的"爱中宣言"以及随之而来的"爱中流量"。

(一)语言文字交流不畅造成的干扰

汉语无论在字形、语义还是读法方面,均与西方字母文字有着本质的区别。汉语的功能也远远超出了交流工具的范畴,作为中华文化和历史底蕴的特殊载体,甚至具有一定的艺术欣赏价值。相应地,音、形、意分离的汉语言文字成为几乎全球最难拼、难辨、难写的语言文字,使很多外籍人才在接触中华文化和中国社会时面临语言关和文字关。尽管很多外籍人士来中国之前已经有一定的汉语基础,但刚到中国时,听人讲话还是有一种"迷路"的感觉。事实上,由于汉语相对于字母文字的语法特征,如果没有一定的汉语相关背景,几乎很难通过学校教育灵活地掌握这一语言,我国甚至至今尚未全面开发与各个专业领域学习直接相关的"专业汉语",这对来华求学的学历生是巨大的挑战。

如果说改革开放早期,国人因为好奇或者好学而对来华外国专家等的流利英文充满好感甚至敬意,随着中外交往的增多以及中国国民自信心的增强,会更多地习惯于听外籍人士"秀"他们的汉语。尽管曾经使一部分外籍人士深感困惑[①],但今后中国社会各界对外籍人士在华期间的汉语言期望会不断升高。加之中国各地方言种类繁多,语音、语义、读法甚至同一词汇在不同语境下的内涵均有不同,对外籍人才适应中华文化造成了一定程度的困扰,使一部分外籍人才在华期间囿于非常狭窄的外国人小圈子,不愿接触大环境。北京三里屯、上海古北、广州美林湖等地的"外籍聚居"现象是上述心态的衍生物。

---

① 何森:《来沪美国留学生跨文化人际交往问题》,《青年研究》,2008年第10期。

（二）宗教观念方面的差异引发的文化交流困难

中国传统上不属于宗教国家，文化与宗教的关联度不高，社会公众的日常文化生活中也鲜见宗教内容。《中华人民共和国境内外国人宗教活动管理规定》及其《实施细则》对在华外国人的相关行为作了规定。我国的《高等学校接受外国留学生管理规定》第三十三条规定：校内严禁进行传教及宗教聚会等活动。宗教作为公民的个人行为，是否具有社会性质，这在中外宗教文化理念方面存在深刻的差别。今后，随着外籍人才的规模不断扩大，宗教活动可能会增加[①]，政策引导与风险防范缺一不可。

五、外籍人才的融入过程复杂，存在社会融入风险

在社会方面，移民作为外来族裔大多具有与本土居民不同的宗教信仰、风俗习惯。移民流入一方面可以促进跨文化的沟通和交流，通过多元文化的碰撞激发创造力，另一方面也可能由于外来族裔的文化异质性、与本土社会竞争资源等原因，导致本土居民对移民的排斥、恐慌，甚至引发外籍移民与本土居民的社会冲突。[②] 文化特性、历史轨迹与社会建构共同奠定了中华文化的特质，不仅预示着对于中华文化的了解与理解必须以一定程度熟悉中国历史为基础，而且预示着融入中国社会必须以熟悉中华文化为前提。只有深入中国社会，才能真正融入中国，改变以往外国专家定点居住的半封闭式生活状态，为外籍人才的社会融入创造条件。跨文化交流和社会融入不是一个单向的过程，而必须双向互动，但热心交友不一定能达到沟通效果，主要在于中国社会的关系（Guan Xi）特征。

不仅如此，在中国和平崛起进程中，外籍移民会逐渐在中国形成一个或多个具有不同身份特征的亚族群，或是改变原有族群之间的相对规模，一些个体之间的摩擦就会由于族群背景差异而被扩大。无论是北京地区的韩国人聚居地，还是广州地区的非洲人聚居区，抑或是上海地区的日本

---

① 高子平：《外籍人才引进的风险管理研究》，《中国行政管理》，2013 年第 9 期。

② 宋娇莹：《发达国家技术移民制度的内在逻辑与启示》，《武警学院学报》，2021 年第 7 期。

人社区，均面临着如何融入中国社会而不是强化内部凝聚与融合的问题。新加坡等国规定不同族群之间的“嵌入式居住”取得了显著成效，相关做法值得参考。

六、国际人才数据权问题凸显，跨国人才流动面临数据安全风险

自进入21世纪以来，随着全球信息化进程的加快，西方国家的人才优势开始呈现出对国际人才数据的掌控，国际人才市场开始了基于全球网络空间与西方数据规则的结构性重塑，主要载体是西方主导的国际化职业社交平台。起初非营利的西方职业社交平台通过自身业务的国际化进程，获得了海量的国外人才数据，并将其运用于商业化的猎聘服务，从而使传统意义上的人才信息转化为兼具市场性与安全性的竞争性情报，国际人才大数据由此生成，进而促进了国际人才市场交易方式的改变[①]，从而使数据安全问题凸显，成为全球人才大变局中人才安全的一个全新维度。就我国的技术移民制度设计而言，外籍人才（技术移民）的数据安全主要涉及人才信息采集、遴选过程中的数据安全，亦即人才情报问题。

与传统的国外人才情报获取不同，全球网络空间背景下的主要载体和途径是国际化职业社交平台，通常以商业甚至非营利的方式获取国外人才数据，具体获取途径则基于平台与个体之间的合约。国际化职业社交平台开始沿袭甚至超越国际猎头所掌握的资源，成为国际人才信息最主要的汇集与交易平台。截至2021年12月底，LinkedIn的会员总数为8.1亿人，美国之外的国际会员却高达6.25亿人，占比达77.16%（见图5—5）。GitHub在全球已有超过5 000万的开发者用户，其中，80%来自美国之外的地区。西方发达国家的国际化职业社交平台以企业身份大量掌握国外人才基础数据，已经形成了事实上的数据垄断。

形成海量的会员数据之后，这些非营利的社交平台多数转变为市场主体（德国的Research Gate除外），并沿袭国际猎头的运行模式和运作技

---

① 高子平：《基于全球网络空间的国际人才数据治理体系建设研究》，《中国人事科学》，2020年第8期。

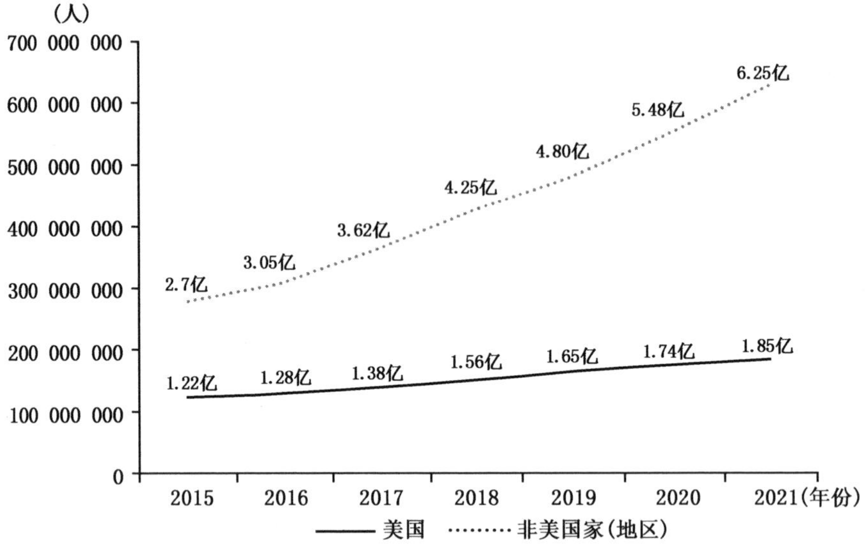

图 5—5　LinkedIn 的全球会员结构变化图

巧，使自身成为基于人才大数据的新型国际猎头。对结构化数据进行分析从而做出预测，对非结构化数据进行挖掘从而进行评价，两者共同构成了此类新型国际猎头的核心竞争力，并通过时间轴、用户画像及其他相关的可视化形态呈现，国际猎聘由此进入了在线招聘 2.0 时代。不仅如此，它们通过分布式数据挖掘等信息技术，对海量的国际人才信息进行数据挖掘和信息整合，甚至拥有了传统国际猎头所难以追赶的开放性、动态性优势，并衍生出平台化的国际人才集聚指向。如今，这已经成为继空间集聚指向、产业集聚指向之外的第三种集聚指向，进而开始改变传统集聚路径。大批国际化人才长期使用 LinkedIn、Kaggle、Academia. com、GitHub 等，不仅掌握了大量的基础信息，而且了解了职业轨迹、出行旅程等。相应地，人才数据化衍生出的安全问题不仅涉及企业用户、个体用户（人才自身）、平台方，而且成为所涉国家和地区面临的安全问题，国际人才数据权问题由此诞生。

面对西方在国际人才数据领域的强劲攻势，自 2014 年以来，北京、上海、广东等地的少数民营猎头在稳定占据一定的国内市场份额之后，尝试设置国际业务部，力图拓展国际人才业务，但普遍面临着开展国际化业务的相关经验缺乏、对国外形势不熟悉、政策引导不够等问题，同时还面临在华国际猎头的市场挤压，加剧了开展国际化业务的难度。我国在进行技术移民制度设计的过程中需要将数字化及相应的数据安全问题作为一个重要的考量因素。

第六章　春秋战国时期人才流动的历史镜鉴

多元一体理论源于20世纪80年代末的中国，多元一体政治格局则最早形成于我国东周时期。公元前771年，犬戎攻陷镐京，迫使平王东迁洛邑。进入东周时期，农业经济与游牧经济的二元并立由此生成①，并以春秋五霸之间的纵横捭阖、战国七雄之间的合纵连横为主线，以华夏诸国与狄戎蛮夷之间的版图挪移为辅线，东亚大陆多元一体的政治格局逐步形成。中国历史进入了史称“上无天子，下无方伯”的大动荡、大分裂、大变革的时代，列国明君更是渴求贤能、谋取霸业，不仅使人才的跨国流动现象频繁，而且形成了以客卿制为代表的外国人才使用机制，犹以秦国为甚。即使政治理念不合，齐宣王依然厚礼送别邹国大儒孟轲前往下一个国家——宋国。可见，在激烈的国家间兼并与称霸战争中，得人才者得天下已成共识。

时势造英雄。尽管东周天下大乱、人心思变，却人才辈出、灿若群星，有老子、孔子、孟子、墨子、庄子、公孙龙子、荀子、韩非子等思想家，有孙武、孙膑、吴起、尉缭等军事家，有管仲、子产、李悝、商鞅、李斯等政治家，有屈原、宋玉等文学家，有左丘明等史学家，有甘德、石申等天文学家，还有巧匠鲁班，水利工程专家郑国，名医扁鹊，商业家陶朱公、端木赐、弦高、白圭，乐圣师旷等。各方面的英才俊杰创造了政治、军事、哲学、文学、史学、农学、医学、商学、音乐、天文学等辉煌的文化科学成果，他们的积极活动推动着时代的前进。

周天下的诸侯之间(甚至与狄戎蛮夷之间)上演了人类历史上最早版

---

① 霍维洮:《经济、文化、制度三维向度中的古代多元一体民族关系格局:兼论古代多元一体格局形成的标志》,《宁夏社会科学》,2020年第2期。

本的大规模人才流动与争夺曲目。尽管周天下的国家与如今源于欧洲的主权国家概念毫无关联，但在当时的“天下”即东亚大陆，国家间竞争包括人才竞争的烈度不亚于当代，甚至直接事涉国运兴衰，使各国统治者意识到“得士者强，失士者亡”（司马迁：《史记·滑稽列传》）的道理。通过吸纳外国人才资源服务于本国发展，这一政治理念的底层逻辑一脉相承，使公元纪年之前的这一历史洪流依然具有深远的当代意义，可为多元一体全球化时代背景下的中国探索外籍人才移民制度提供难得的历史镜鉴，同时也使本项研究立足于中华文明的丰富历史底蕴之上，而不是片面参照近现代的西方列国。

第一节　春秋战国时期人才流动的历史盛况

平王弃守镐京之后，两王对峙[①]长达二十年，后又屡次迁都。礼崩乐坏、王室衰微，诸侯列国趁机坐大，共主徒有虚名，甚至为生计所困，中国社会进入了第一次大转型时期。诸侯的兴起带动了“士”的崛起，列国争强的客观需要推动了“士”的四处奔走，并相应抬高了“有识之士”的社会地位。“苏秦约六国为从，强秦不敢窥兵于关外；张仪为横，六国不敢同攻于关内。”（王充：《论衡·答佞》）春秋战国时期人才流动的频繁与活跃推动了我国历史上第一次大规模的人才流动高峰的形成，这也是人类历史上最早的一次大规模人才流动。一部春秋战国史从一定意义上说就是一部人才流动史。[②] 无论是秦国的逆势称霸，还是山东六国的盛衰兴亡，均与人才的得失有着极为密切的关系。

---

① 犬戎杀死幽王、掳走褒姒之后，申、鲁、许等诸侯国拥立姬宜臼继位，是为周平王。周平王在郑武公、晋文侯的辅佐下勉强支撑残局。在周平王继位的同时，诸侯虢石父拥立周幽王的弟弟余臣为天子，史称周携王，周王朝出现两王并列的局面。周携王二十一年（公元前750年），支持周平王的晋文侯攻杀周携王，两王并立局面结束，周王朝重新统一。

② 齐秀生：《春秋战国时期人才流动述略》，《齐鲁学刊》，2006年第2期。

一、关东六国兴衰沉浮中的外国之士

春秋五霸、战国七雄,先后演绎了一系列的国运沉浮,得士、失士可谓重要变量。由于当时的时代主题就是社会秩序重构,首先是政治秩序的剧烈演变与重塑,因此,战略家、政治家是各国最为急需的稀缺人才。能否获得并重用此类政治人才,也成为衡量各国君王贤明的重要标杆,以至于“士”的流动首先被视为政治才能的流动。

魏国是战国时期第一个变法的诸侯,也是战国初期第一个强国。魏国的变法从魏文侯时开始。魏文侯为人谦和、礼贤下士,主张任人唯贤。他当政近五十年,发掘了西门豹、吴起、魏成子、李悝等名臣武将,并率先兴起了养士之风。尤其通过支持屡有战功的重臣李悝进行变法,废除世卿世禄制和井田制,创设“武卒制”,推行“食有劳而禄有功,使有能而赏必行”(《说苑·政理篇》)的用人政策,将爵禄授予对国家有功的人员,根据才能大小分派职位,革除旧贵族世袭罔替的弊病,并颁行《法经》,兴农抑商,向各国招贤纳才。由于魏文侯、武侯礼贤下士,支持李悝变法,任用吴起、乐羊等为将,又任用魏成、旧文等为相,因此国家日益富强,成为当时的头号强国,称雄长达半世纪,并召集五国会盟,李悝也成为中国古代变法第一人。

齐威王与魏惠王同时。齐威王不爱珠宝,爱人才,而且善于识别人才,集思广益,并且不论门第高下,任用贤能之士。他既选用宗室子弟之有才者,如田忌;又选用贫寒之士,如刑余之人孙膑,赘婿淳于髡,出身平民的邹忌。他听取邹忌的谏议,广开言路,奖励进谏,使齐国继魏国之后成为当时的一大强国。威王之后,齐宣王志在“莅中国而抚四夷”,在首都的稷门之外立馆,又称学宫。在那里,讲学辩论、著书立说者一度多达“数百千人”,如宋钘、邹衍、淳于髡、慎到、环渊、荀卿、孟轲等(《史记》卷46《田敬仲完世家》),其中很多是从其他国家来的。据统计,战国时代的主要学术流派,包括阴阳、儒、名、法、墨、道等学派的许多重要人物无不流动到稷下学宫。

在魏国李悝变法的同时，赵烈侯也曾搞过一些改革。公元前403年，赵烈侯得到周威烈王的承认，赵国正式脱离晋国而独立。他重用公仲连，封牛畜为师，封荀欣为中尉，让徐越做内史，在用人政策方面实行“选练举贤，任官使能”的方针，主张无功不赏、“节财俭用，察度功德”，选拔贤才当官。到赵武灵王时，赵国聚集了一批贤才，甚至包括有戎狄背景之人。在魏、齐、楚相继衰落后，赵国一度成为关东唯一能与秦国抗衡的强国，以致秦国灭赵用时最久。

公元前401年，楚悼王上台之后下令求贤。吴起乃卫国人氏，曾在鲁国为官，为求鲁元公信任而杀妻（齐人），招致反感与排挤之后奔魏，协助魏文侯破秦并坐镇西河。尽管“辟土四面，拓地千里，皆起之功也”，但魏武侯即位之后听信谗言，吴起被迫离魏入楚。楚悼王任命他为令尹，实行变法革新，包括改革用人政策，“罢无能，废无用，损不急之官”“明法审令，捐不急之官，废公族疏远者，以抚养战斗之士”，使楚国出现了“南平百越，北并陈蔡，却三晋，西伐秦”甚至大败魏国并“马饮于大河”[①]的强盛局面。楚怀王一度被推举为关东各国的纵长，合纵攻秦。

依计“围魏救赵”之后，韩昭侯对“郑之贱臣”申不害的才能极为倚重，遂于公元前351年力排众议，破格立申不害为丞相，以求变革图强。作为早期法家创始人，申不害“内修政教，外应诸侯”，主张根据实际才能授官，强调“因任而授官，循名而责实”。这既是怎样选拔人才的问题，也是对世卿世禄制的否定。正由于韩昭侯慧眼识才，与商鞅同时代的申不害为相十五年，以术治国，使韩国政治清明、军纪严明，国势一度强大。

公元前311年，燕公子职在赵武灵王和秦惠王的帮助下结束了在韩国做人质的生活，回到燕国继承王位，即为燕昭王。面对内忧外困，燕昭王发布求贤令，无果之后礼贤下士，求教于郭隗。郭答曰：“帝者与师处，王者与友处，霸者与臣处，亡国与役处”，并讲述了古代君王千金买马骨的故事，深得燕昭王认可。燕昭王为郭隗建造了漂亮的宫室，并在易水旁修

① 杨宽：《战国史》，上海人民出版社2019年版，第209—212页。

建了一座黄金台，用优厚的待遇延揽天下之士，甚至以“拥彗先驱”（《史记·孟子荀卿列传》）之礼恭迎邹衍，专门为之修建碣石宫，供其居住讲学。昭王敬贤用贤的名声风传天下，各国才士争相赴燕，以致“乐毅自魏往，邹衍自齐来，士争趋燕”（《战国策·燕策一》），尤以乐毅最为著名。乐毅身为魏国名将乐羊之后，由于好兵法、有贤才而被赵国重用。沙丘之乱之后，乐毅出赵入燕，被拜为亚卿。乐毅倾全力协助燕昭王改革内政、整顿军队，用纵横家的计谋联结秦、赵、魏、韩、楚这些国家一同进攻齐国，屡立战功。乐毅畏诛入赵之后被封于观津，虽不受燕惠王复召，但沟通燕赵之好并被奉为客卿。正是在乐毅等众多贤臣的辅佐下，燕国从战乱之后的孱弱中重新崛起，成为后来的战国七雄之一。

由上可见，关东诸国在延揽各国英才过程中使尽解数，少数君王甚至不惜称兄道弟、屈尊拜师，在政治地位、生活待遇等方面为特殊人才提供特殊安排，达到了吸纳贤才的目的。人才流动直接推动了社会变革。在人才流动过程中涌现出来的“智术能法之士”以变法倡导者的身份，被流入国的国君擢升为相，主持变法。这种现象在七国变法革新运动中比较普遍。在楚国，辅佐楚悼王进行变法的是卫人吴起；在秦国，秦孝公用卫人公孙鞅进行变法；在韩国，为韩昭侯实行改革的是郑人申不害；在燕国，辅佐燕昭王制定新法的是中山国人乐毅、齐人邹衍、楚人屈景等。可以说，人才流动直接推动了战国时期韩、楚、秦、燕四国的社会变革。但总体来看，各国吸引外国人才的政策断断续续、此消彼长，没有一个关东诸侯能够在较长时期内持续推进重视并吸引人才的政策，更谈不上所谓的制度化。尽管客卿制度源于关东诸侯，但各国同样未能稳步推进，而是断断续续，最终不了了之，并与师其长技的秦国形成了鲜明的对比。

二、秦国称霸及统一进程中的关东人才角色

秦在春秋初期因功立国，但地处西垂，与戎人毗邻，长期在游牧状态下生存，立国之初便内有“四代乱政”、外有五戎克秦，在经济、政治、军事乃至文化方面均为落后，甚至无缘于崤山以东的列国会盟。然而，仅用

100 多年的时间，秦国就成为西方霸主，这除了归功于几代秦君的苦心经营及秦国劳动人民的辛勤劳作、浴血奋战外，从关东列国引进人才的作用不可低估。“昔缪公求士，西取由余于戎，东得百里奚于宛，迎蹇叔于宋，来丕豹、公孙支于晋。此五子者，不产于秦，而缪公用之，并国十二，遂霸西戎……夫物不产于秦，可宝者多；士不产于秦，而愿忠者众。”（《史记》卷87《李斯列传》）正是由于公孙枝、百里奚、蹇叔、丕豹等东方各国的人才辅佐秦穆公与强晋抗衡，由余协助秦穆公征服西戎，成就秦国成为春秋强国。秦穆公死后，秦国开始衰落。至战国初期，秦已不能继续维持大国地位，并不断受到强晋的欺压。直至秦孝公启用卫鞅，才彻底扭转了秦国的艰难处境。商鞅原是卫国破落贵族后裔，先到魏国求官，做过魏相公孙痤的御庶子（家臣），很得赏识。公孙痤临终之际，将其推荐给魏惠王。当商鞅得悉魏王不但不重用他反而要加害于他时，便离魏入秦，说秦孝公以霸道，得重用，为左庶长，卒定变法之令，主持变法。商鞅通过两次变法使秦“民以殷盛，国以富强”，一跃成为战国时期最强大的国家，乃至出现了“诸侯毕贺”（《史记》卷 68《商君列传》）的局面，为日后统一中国奠定了坚实基础。

商鞅变法之后，秦国再度崛起，并与关东列国纷争不断、内治不彰形成了鲜明对比，以致大批东方名士争相事秦。他们中的文臣运筹帷幄，武将征战沙场，是秦国得以统一天下的中流砥柱。李斯最为典型。李斯少时从荀卿学帝王之术后，度楚王不足事，无可为建功者，而秦王却雄心勃勃，欲吞天下而称帝。于是，李斯于公元前 247 年入秦，后为秦王嬴政重用。“因时推秦，遂得意于海内”，成为秦国举足轻重的人物。可以说，秦国的人才引进政策不仅成就了秦国的强大，同时也改变了春秋战国时代的政治格局。

回望历史，秦国无疑是东周各国人才的最大吸收国。由于地处边陲、“偏陋戎狄”（《吕氏春秋・不苟论》）、文化落后，秦国穆公、孝公、惠王、武王、昭襄王、庄襄王、秦王嬴政等几代国君在发现、选拔国内人才的同时，大胆地敞开国门、招揽外才，以改变这种人才不足的局面。孝公甚至发出了著名的“宾客群臣有能出奇计强秦者，吾且尊官，与之分土”(《史记·秦本纪》)的求贤令。在战国七雄中，除楚国之外，均设立了客卿爵号，但秦国比东方五国实施得远为坚决。秦国善待客卿，不论出身门第的高低，不讲原来所操职业的贵贱(以五羖大夫最为典型)，一旦经过试用，确定是出类拔萃者，便高予之官、重予之权，甚至拜为相、将。秦国重用客卿，这对东方各国的人才无疑有着巨大的吸引力。据清代学者洪亮吉的不完全统计，秦自穆公到嬴政，任用外来人才为宰辅、将帅及其他要职的约有六十人之多[①]，足见秦国历代君王广纳天下英才的诚意与决心。

三、人才资敌现象频繁，深度改变了诸侯国运

王室衰微、列国争雄，多元一体的天下乱局不仅呼唤人才，而且为人才流动提供了较为宽松的社会氛围。明君求贤若渴、士人择木而栖，以致“六国之时，贤才之臣，入楚楚重，出齐齐轻，为赵赵完，畔魏魏伤”(王充：《论衡·效力》)。所谓引渡人才，弱敌强己，就是不择手段抢夺别国人才，以此来削弱敌人，壮大自己。这种现象在春秋战国时期的人才争夺战中屡见不鲜。比如，由余是秦穆公利用不正当手段从戎国获得。由余是晋国人，后逃亡到戎国，受到戎国国君的重用。戎国国君听说秦穆公是贤明君主，就派由余到秦国去实地考察、探听虚实，以便采取对策。秦穆公在与由余交谈后发现由余是难得的人才，于是扣留下来，并使用反间计。通过戎国国君身边的歌女在戎国国君面前说由余的坏话，由余不得不留在秦国。后来，秦穆公采用由余的谋略，一举打垮了包括戎国在内的十二个小国，“开地千里，遂霸西戎”。另一个典型例子就是齐国偷运孙膑。孙膑是春秋战国时期著名的军事家，被同学庞涓所嫉恨并用刑，准备待其写出秘籍之后再杀掉。齐国使臣知道后，秘密将孙膑从魏偷运至齐。孙膑被齐威王拜为军师后打了许多胜仗，并在著名的马陵战役中用增兵减灶之计打败了庞涓率领的魏军，最终射杀了仇人庞涓。

---

① 《洪北江诗文集》三，《更生斋文甲集》卷二。

楚国是人才外流比较严重的国家，而且早在春秋时已很严重，史称“虽楚有材，晋实用之”(《左传·襄公二十六年》)。楚国的外流人才在别国的利用下，给楚国带来了巨大损失。“楚才晋用”方面的材料在历史文献里很多。仅据《左传》《国语》《史记》所载，春秋时期，楚之王族或高级官员外流的就有百里奚、伯嚭、巫臣、子干、太子建、胜、共王太子、子哲、朝吴、文种、伍子胥、子常、孟明视、王孙启、析公、雍子、贲皇、老子、宗、范蠡、许行、老莱子等。到了战国，楚国人才外流的现象更加严重，如在秦国的二十二个丞相当中，楚国人就占七个。究其原因，首先就是“内姓选于亲，外姓选于旧”(《左传》，宣公十二年)的官吏任用原则所致。李玉洁在《楚史稿》中统计，春秋中期，自孙叔敖任令尹起，到春秋末期的子国为止，楚国十七个令尹中的十二个是王室公子。可见，“楚材晋用”不只是因为晋国重用“楚材”，更因为“楚材”在本国受到了政治迫害，被迫亡入晋国。“楚材”不仅为晋所用，还有为吴所用而一度亡国的惨痛教训，是为伍子胥的以吴灭楚。伍子胥在父兄为楚王所杀、被迫逃亡入吴后，极力进行血亲复仇，导致楚国灭亡的严重政治后果。

魏国的教训亦为深刻。《史记·商君列传》载：魏国相公叔痤病重，魏惠王前去探视，问以后事。公叔痤建议魏惠王重用中庶子卫鞅，惠王并不在意。及惠王即去之时，公叔痤屏人言曰：“王即不听用鞅，必杀之，无令出境。”公叔痤担心魏王不用卫鞅，将会为他国重用，而危及本国利益，故有此语。可惜魏王未能听取公叔痤的良言，导致后来卫鞅到秦国大展其才，兴兵侵魏，魏被迫割河西之地给秦。魏惠王此时方后悔未能听取公叔痤良言。

及至战国后期，“会韩人郑国来间秦，以作注灌渠，已而觉。秦宗室大臣皆言秦王曰：诸侯人来事秦者，大抵为其主游间于秦耳，请一切逐客。”(《史记·李斯列传》)加之嫪毐攻打蕲年宫，公然发动叛乱(秦王政九年)，促使秦王决心逐客(本意为清除吕不韦的三千门客)，曾为吕不韦门客之一的客卿李斯(楚国人)亦在逐中。李斯冒险上书《谏逐客令》，历数秦国任用商鞅、张仪、范睢等六国客卿的例子，认为“士不产于秦，而愿忠者众”。逐客令会导致天下士子“裹足不入秦”。秦国很难“跨海内，制诸侯”，便劝其收回逐客令，指出人才资敌的严重危害性“今逐客以资敌国，损民以益雠，内自虚而外树怨于诸侯，求国无危，不可得也”。秦王虚心纳谏，收回成令，并为已然背叛吕不韦的李斯恢复官职、升为廷尉，延续招徕天下贤才的做法。入秦大才多源于魏，反观一度强盛的魏国，对吴起的变相排挤，对商鞅的视而不见，对张仪的公然藐视，对范雎的嫉妒折磨，对孙膑的残酷迫害，对尉缭子的置若罔闻，对乐毅等名将之后的放任出走，形成了鲜明对比。春秋战国出现的人才资敌观念，是中国古代政治领域的一个重要现象，这在历史上对本国和敌国都产生过重要影响。[①] 尤其楚、燕、秦等国的事实表明，关键人才的得失确实与各国命运关系重大，甚至直接关乎各国兴衰。

四、人才思想开始萌生，并成为中华文明的特有内容

“人才”一词及相应的人才思想和理论源于东周时期，并在现当代时常被称为“人才学”（比较妥当的称谓应该是“人才研究”）。人才学（人才研究）是中华传统文化的产物，是当代哲学社科体系中为数不多源于中国古代文化的领域。在春秋战国的乱世之中，先人逐步从“敬天”转向“事人”，甚至发出了“妖由人出”的惊天质问，为以人为中心的研究提供了社会氛围，而“士”的崛起更是为普天之下亟须人才的特定时代提供了解决问题的独特配方，人才的思想和理论随之萌发。

（一）开始认识到人才的重要地位与作用

春秋末年，仲弓为季氏宰，向孔子求教为政之法，孔子答：“先有司，赦小过，举贤才。”（《论语·子路》）战国中期，孟子发展了孔子的尊贤理论，把尚贤提升至关系国家存亡的高度，强调“不用贤则亡”（《孟子·告子》）。及至战国末期，荀子又发展了孔孟的用贤原则：“虽王公大人之子孙，不能

① 付开镜：《中国古代的人才资敌现象及其当代启示》，《河北联合大学学报》，2012 年第 5 期。

属于礼义，则归之庶人。虽庶人之子孙也，积文学，正身行，能属于礼义，则归之卿相士大夫。”（《荀子·王制》）尤其在列国争雄的复杂政治斗争中，很多君主将贤能视为改变国运的重要法宝，进一步提高了社会对人才重要性的认识，以至于时有夸大，如“子贡一出，五国各有变”，以及苏秦被六国封相。

（二）开始浮现任人唯贤的思想观念

在超越西周时期贵族、宗族、身份、门第观念的过程中，“任人唯贤”的观念开始出现。该词可以追溯到《尚书·咸有一德》中“任官唯贤才，左右唯其人”的表述，意思就是只任用有德有才的人做官吏。孟子对于这一点曾说过“贤者在位，能者在职”（《孟子·公孙丑上》），指的是贤德的人居于掌权的地位，有才干的人担当合适的职务。著名的思想家墨子提出人才选拔要唯贤是举，不能受门第和出身的限制，珍惜、保护与注重使用贤才，以贤才治理社会，社会才能稳定和繁荣。墨子善于从发展的观点看待人才的发展和变化，甚至认为官员和贫民的才智随着条件的变化也会发生变化（《墨子·尚贤》）。墨子提出了选拔人才的三条原则——“举义不避贵贱”“举义不避亲疏”“举义不避远近”，这种不论身份等级公平选拔人才的思想，有利于调动社会最广泛人群的积极性，为社会营造出一种尊重人才的氛围。《吕氏春秋》分别用“下贤”“察贤”“期贤”“赞能”等篇章，论述了人才的重要性，以及人才的发现、选拔、使用等问题，实际上是对东周时期人才思想的总结，并有较大的突破。

（三）如何处理德与才的关系开始成为重要议题

“德”与“才”的关系是中国历代人才思想的核心议题之一。先秦儒家企图以道德的力量维系社会秩序，儒家几位代表人物坚持道德至上的人格理想，积极倡导“以德为先”的人才观。孔子将“尊五美”视为人才从政的基石，认为“君子惠而不费，劳而不怨，欲而不贪，泰而不骄，威而不猛”（《论语·尧曰》）。孟子理想中的君子能够“居天下之广居，立天下之正位，行天下之大道”（《孟子·滕文公下》）。德才兼备者才是墨子心中的贤者。墨子否定了世卿世禄制度，认为尚贤是为政之本，主张“故官无常贵，而民无终贱，有能则举之，无能则下之”（《墨子·尚贤》）。法家的人才标准是：“任其力不任其德”[①]、“记功而行赏”，同时提倡“程能而授事”（《韩非子·八说》），纠正了商鞅用人唯重功劳的偏差，表明其吸取了儒墨两家重才能智慧的思想。他们主张根据人的能力而不是道德来判断人才，凡人只要具备一定的才能，可以为国家发展贡献力量就是人才。法家的人才标准与秦国统治者迫切的富国强兵愿望不谋而合，尤其韩非的用人之术得到秦王的认可，成为战国中后期秦国选拔人才的重要理论依据。

第二节　春秋战国时期人才流动的动力机制

“春秋之中，弑君三十六，灭国五十二，诸侯奔走不得保其社稷者不可胜数”（《史记·太史公自序》），八佾舞于庭，东亚大陆迎来了前所未有的大变局。春秋战国时代正是一个人才辈出的时代，其人才思想之活跃、人才理论之丰富、人才竞争之激烈，是中国后世任何一个封建王朝都无法比拟的。[②] 邦无定交的不确定性为宦海沉浮的诸侯王臣注入了求贤若渴的巨大动力，而士无定主的不确定性则为居于统治阶层最低层级的“士”提供了择木而栖的难得契机，由此形成了东周时期强大而稳定的动力机制，致使大批人才频繁跨国流动。

一、前所未有的社会大变局呼唤各类人才和新思想、新主张

平王将都城东迁至洛邑之后，周王室在经济上日绌，不得不向各诸侯国“求金”，在政治上与诸侯国之间的尊卑关系随之打破，社会逐步由“礼乐征伐自天子出”到“礼乐征伐自诸侯出”再“自大夫出”，以致周王室失去了天下共主的地位。随着周天子威信的日益降低，到春秋中后期仅存共主的虚名。战国中期后，秦灭东周，人们对周王朝的国家观念逐渐消失，

---

① 高亨：《商君书注释》，中华书局 1974 年版，第 90 页。
② 黄永杰：《春秋战国时代人才思想论要》，《社会科学战线》，1997 年第 4 期。

宗主国意识开始淡漠。此时，各族初步融合，诸侯国间交往频繁，多元一体的政治格局为各种主张的竞合、实验提供了特殊的历史舞台。在人们的意识中，国的界限已不严格，把各国看作一个整体，谓之“四海之内若一家”。同时，诸侯国之间的争斗也愈演愈烈。经过近300年激烈的角逐和兼并，许多小国和弱国相继灭亡，而秦、齐、楚、魏、赵、燕、韩七雄并立。全国没有统一的政治中心，诸侯林立，攻伐不断，互相竞争。在这激烈的竞争中，春秋以前的社会制度或者遭到破坏，或者被削弱，而新的制度尚处在酝酿过程中，出现了很多的政治空隙，这为人才自由流动提供了前提条件。诸侯争霸的现实需要，使各国君主、各路诸侯大力扶植私学，积极延揽人才，并鼓励学者们“议论国事”，大胆进谏。在这种相对自由宽松的文化氛围中，士人纷至沓来，形成了贤士盈朝的局面。

春秋战国时期的社会剧变反映到思想上则是对天信仰的动摇和重民思想的抬头。在天人关系问题上，逐渐实现了从“重天”到“重人”的转变。春秋时期，周内史叔兴和郑申缙就发表过“吉凶由人”（僖公十六年）和“妖由人兴”（庄公十四年）的见解[①]，主张人事与天道分开。这种人神关系的变动是社会的一大进步，在社会生活中逐渐确立了以人为本的处事原则，重人事思想成为尚贤政治风气形成的先导。大国争霸、小国图存，都面临着生存的竞争，而这一切在一定意义上归结为对人才的竞争，由此促进了人才的流动与争夺。这一时期的贤明国君都以招贤纳士为首务，极力推尚贤才。在葵丘之会上，齐桓公以盟主的身份向诸侯们提出的第二条盟约就是“尊贤育才，以彰有德”。《管子·霸言》云：“夫争天下者，必先争人。”魏国独霸时期，士人多集中流入魏。秦自商鞅变法，为确立新体制，需要大量官吏而本国人才资源匮乏，于是广招天下贤士，士人纷纷西涌入秦。东方六国为对付秦的威胁，遂跟秦展开人才争夺战，如齐、燕等国制定优厚政策招贤纳士。很多诸侯已经无暇顾及士人的资历，破格选用、平步封相情形并不罕见。比如，管仲作为战俘被齐桓公拜为相国，牧牛人戚

---

① 杨伯峻：《春秋左传注》，中华书局1981年版。

宁被齐桓公拜为副相，两人辅佐齐桓公成为五霸之首；楚国官奴百里奚被秦穆公用五张羊皮赎回拜为左相，百里奚推荐的贫士蹇叔被拜为右相，两人辅佐秦穆公成为五霸之一；农夫孙叔敖被楚庄王拜为相国，辅佐楚庄王成为五霸之一；琴师邹忌以奏琴之论喻治国之道，说服齐威王并被拜为相国，辅佐齐威王成为战国七雄之一。

面对前所未有的大变局，变法图存是唯一出路，但各国面临的内部条件显然不同，阻力各异。传统宗法制度越薄弱的国家，进行变法的阻力越小，贤明君主广开言路、兼听四方的需求越大。秦处西北，立国较晚。周宣王封秦仲为西垂大夫。直至周幽王时，秦襄公救周难，又率兵护送周平王东迁，才因功被封为诸侯，建立了秦国，从此开始与东方列国互通使节，互行聘享之礼。在秦文公四年以前，秦的中心都在西陲。文公十三年以前，秦国无"史"，且秦民未化，可见其文明的落后程度。秦在建国二十年后，终于得周王所赐的国土"岐以西之地"，这使秦国具备了进一步发展的基础。但当时的东、西部仍有很多戎、狄族占领的据点及小诸侯国，这种局势持续到秦武公时期。秦武公时代，秦的对外战争取得了第二次较大的进展，使整个关中的渭水流域基本上被秦控制。特殊的国家发展过程使得秦国缺少严格的宗法制，客观上有利于引进人才。自惠文王十年设相至大一统，先后任秦丞相者共计 22 人，只有樗里疾确认是秦国人。客卿为相，秦"委国以听"，如商鞅相秦"南面而称寡人"；张仪相秦，受全权游说六国，权倾一时；甘茂"居于秦累世重矣"；蔡泽居秦二十余载，"垂功于天下"；吕不韦为相国，"号称仲父"；范雎相秦，秦昭王尊为叔父，对其言听计从。客卿的这种权势在东方六国是难以想象的。[①] 南宋著名学者洪迈曾指出："七国虎争天下，莫不招致四方游士。然六国所用相，皆其宗族及国人，如齐之田忌、田婴、田文，韩之公仲、公叔，赵之奉阳、平原君，魏王至以太子为相。独秦不然，其始与之谋国以开霸业者，魏人公孙鞅也。其他若楼缓，赵人也，张仪、魏冉、范雎皆魏人，蔡泽燕人，吕不韦韩人，李斯楚

---

① 陈旭：《试论战国末年的人才流动》，《宁夏大学学报》，2006 年第 1 期。

人。皆委国而听之不疑，卒之所以兼天下者，诸人之力也。”[①]秦国的同族人被重用的并不多见，秦国宗族见于记载的人物只有公子絷、公子勅、公子鍼等数人而已。秦国缺乏严格的宗法制，客观上为重用客卿排除了障碍。相对而言，东方各国在用人方面时常将“亲亲”原则凌驾于“贤贤”原则之上，处处受到宗法制的束缚。

二、士阶层获得了前所未有的人身自由和流动机会

西周和春秋前期，个人基本被牢牢地系在宗法血缘关系的链条上，基本没有选择流动的自由。“士”是贵族的最下阶层，社会地位与庶民阶层比较接近。他们享有一定数量的俸禄（绝大多数是谷禄），受过“乡三物”教育，可以充任低级官吏或做卿大夫的家臣。春秋后期，上层旧贵族已腐朽无能，宗族礼法松弛，士阶层内部的巨大潜力逐渐显露出来。由于宗法制的动摇和阶级关系的变化，原来的士阶层在动荡的局势中不断分化，社会地位升降不定。宽松的社会环境和选才标准的变化，为人才多方向流动创造了条件。诸侯争霸加速了以血缘维系的宗法关系的断裂，疏远了分封诸王与王室的关系，旧的社会等级制度被打破，礼的束缚渐渐松弛，人身依附关系被削弱。社会环境的宽松使人才在诸侯国间横向流动。到了战国时期，这种横向流动尤为明显。士从固定的封建关系中游离出来，进入了“士无定主”状态。他们可以四处谋生，凭借“乡三物”知识，或者兴办私教成为传授知识的师者，或者成为举行典礼时的赞礼者，或者参加政治活动，谋求一官半职。由于失去了宗族和田产的双重羁绊，功名富贵成为一般士人的人生最高目标，“仕”变成一个社会问题，士阶层本身的分化和普通士人的贫困成为促使东方士人仕秦的主要原因。[②]

殷商西周时期，巫史掌握文化教育，只有贵族及其子弟才有受教育的特权，教育内容也主要局限在礼制、法度、宗教神学的范围之内。随着周

---

① 洪迈：《容斋随笔》（卷二），上海古籍出版社 1978 年版，第 23 页。

② 陈旭：《试论战国末年的人才流动》，《宁夏大学学报》，2006 年第 1 期。

天子大权旁落，王室衰微，宗法制趋于瓦解，“学在官府”的局面也难以维持了。原来隶属于贵族阶层的士纷纷流落民间，“天子失官，学在四夷”已是大势所趋。私学的兴起以及工商业者经济地位的提高又产生了一批新士，即工商出身的庶人也加入了“士”的行列，使社会上“士”的成分发生了变化。[①] 这时的“士”已摆脱了“大夫臣士”的宗法关系，获得了一定的人身自由和独立人格，养成了“士不怀居”的习性，为其自由流动、四处求仕创造了条件，以至于孔子断言“士而怀居，不足以为士矣”(《论语·宪问》)。人才流动与各国国君的人才思想、选官用人政策和社会环境也有密切联系。往往贤君择人而佐，贤者亦择主而辅。人才流动具有明显的社会选择性。楚国在一个时期内就是人才外流比较严重的国家，而秦国、齐国则是各国人才流入最多的典型国家。楚国人才外流现象在春秋时已很严重。仅据《左传》《国语》《史记》所载略作统计，春秋时期楚之王族或高级官员外流的就有百里奚、伯葫、巫臣、子干、太子建、胜、子皙、伍子胥、孟明视、王孙启、雍子、贲皇、范蠡、许行、老莱子等。到了战国时期，楚国人才外流的现象更加严重，秦国自穆公至秦王政期间的几代国君既发现、选拔国内人才，又敞开国门招揽外才。

“自古天下士，只在布衣中”。随着血缘为本选拔官吏的标准革新，取而代之的是“择能而使之”的选才标准，这给了出身卑微的人才以跨越等级、纵向流动的机会。经世之才百里奚原为虞国大夫，但在晋国灭虞之后沦为奴仆。秦穆公用五张羊皮换回年过花甲的老奴百里奚并拜为上卿，时称“五羖大夫”。百里奚事秦后又引荐了四位贤才，秦国等于用五张羊皮换得五位人才。秦穆公任用百里奚除去不论年龄之外，也不计较他作为“人媵”的奴仆身份。“宰相必起于州郡，猛将必发于卒伍”(《韩非子·显学》)，这种情况在春秋战国时期普遍存在。社会地位的提升和经济利益的驱动也为人才流动提供了动力。“仪与苏秦皆以纵横之术游诸侯，致位富贵，天下争慕效之”(《资治通鉴·周纪三·慎靓王》)，足以说明优厚

① 齐秀生：《春秋战国时期人才流动述略》，《齐鲁学刊》，2006 年第 2 期。

的经济利益和显赫的社会地位成为促使人才流动的重要诱因。

在当时庞大的人口流动中，就特殊的人才流动集群而言，规模较大的主要有两大类：一类是逃难贵族及其臣下组成的流动群。这在春秋时期尤为明显。如晋公子重耳从蒲城出逃时，晋国名士如狐偃、赵衰、胥臣、魏武子、先轸等也跟随出逃。一类是各学派大师及其弟子组成的流动群。他们“率其群徒”游历天下，宣扬自己的治国理念，这在春秋末期到战国时期比较典型。如孔子率门徒数十人，历聘列国；孟轲“后车数十乘，从者数百人，以传食于诸侯”（《滕文公下》）；农学家许行游于小小的滕国，也有“徒数十人”（《滕文公上》）。当时一些礼贤下士的上层人物，身边往往云集了四方之宾客，如齐国的孟尝君“招致诸侯宾客及亡人有罪者”数千人（《史记》卷75《孟尝君列传》），赵国的平原君“宾客盖至者数千人”（《史记》卷76《平原君虞卿列传》），楚国的春申君“客三千人”（《史记》卷78《春申君列传》），魏国信陵君的士“方数千里争往归之，致食客三千人”（《史记》卷77《魏公子列传》），秦相吕不韦“至食客三千”（《史记》卷85《吕不韦列传》）。

面对中华文明史上的第一次社会大变革，如此规模的人才流动推动了各国的改革和社会进步。连年的争霸战争使社会处于一种动荡状态，亟须一套新的社会规范，各国的强军拓疆也需要一套新的体制，各种革新政策和管理机制应运而生。例如，管仲推行的“三选法”为齐国集聚了众多人才，使齐国成为春秋五霸之首；商鞅变法打破了原有的社会结构，从根本上增强了秦国的国力；鲁国因为孔子推行礼治而国力大增。李悝在魏国、吴起在楚国、公仲连在赵国的变法等，对推动国家强大和社会进步的作用不能忽视。同时，人才流动显著推动了学术繁荣和思想解放。士人聚徒讲学，发表自己的治国之道、政治主张和学术观点，不仅学说思想得到了传播，而且各成学派，并共同丰富了春秋战国时期的精神内涵，呈现出学术繁荣和百家争鸣的局面。[1] 多元一体的东周不仅迎来了人类历

① 陶娟：《春秋战国时期人才流动现象及其当代启示》，《泉州师范学院学报》，2014年第3期。

史上第一次大规模的人才流动潮，也迎来了中国思想文化史上的第一个高峰。

第三节　春秋战国时期人才流动现象的历史局限性

春秋战国时期的人才流动高潮迭起、精彩纷呈，为后世留下了各种成功示范，彰显了中华先人的睿智与远见卓识，并使尊贤使能理念成为中华文明的重要内涵。但在多元一体中华文明的起始阶段，在封建社会的特定历史发展时期，这种人才流动现象的时代局限性不容忽视，很多脍炙人口的经典案例的时代意义不容扩大，更不能理想化。总体来看，春秋战国时期的人才争夺是诸侯列国不得已而为之的权宜之计，多数带有帝王之术的色彩，相应地，所推出的各种诱人举措并未也无法触及当时宗法制的根本，从而使这一流动盛况在后续相当长的历史时期内几乎成为绝唱。基于血缘、泛血缘和拟血缘的宗法制刚性约束导致“乱世出英才”，甚至出现了只有乱世才能出英才的千年悖论，东周乱局中的频繁人才流动恰恰是这一悖论的序幕。

一、刻意强调治国安邦之才，为后世的贤能致仕偏好埋下了伏笔

“周公吐哺，天下归心”，开始出现尚贤政治的萌芽。东周时期的天下乱局不仅仅是分封建制模式的失灵，礼崩乐坏也只是一种表象。归根结底，在商朝及西周分封的基础上，严格的井田制瓦解、铁器等新农具及牛耕得到广泛运用，致使中华文明的涵盖范围迅速扩大，“中国”已非最初所及的周王室管辖区域，而是扩至更广泛意义上的中原地区。各地小农经济发展使更多的区域性经济中心不断涌现，周王室所处地域的经济优势并不明显，甚至在地力和自然资源方面弱于其他区域，周王室的管制手段和能力都难以覆盖较远的地理范围，这与当代的全球局势具有逻辑上的相似性。第二次世界大战初期的美国在全球经济中独占鳌头，因此，在全球政治格局与经济体系中扮演关键性的角色，并在冷战之后达到巅峰。

但随着越来越多的国家和地区在新自由主义全球化进程中得到快速发展甚至崛起，美国进行全球公共品供给的能力与意愿同步衰退。在东周小农经济扩张阶段，维护特定的区域（土地）及人口规模是应对天下变局的核心议题，“尊贤使能，俊杰在位，则天下之士皆悦，而愿立于其朝矣。”（《孟子·公孙丑章句上》）经天纬地、治国安邦之才成为各类贤能中的佼佼者，成为诸侯列国激烈争夺的时代骄子；相反，郑国渠之类的重大建设项目反而很容易引起疑虑甚至猜忌。从生产方式的角度来看，如何开展生产工作、如何组织生产活动并非当务之急，从而使人才需求的重点非常突出，即大国称霸、小国图强。

相应地，诸子百家四处游历，宣扬的理念之所以备受君王关注，就因为多数围绕争夺政治权利、强国强军，直接关系到国运沉浮乃至统治集团的身家性命。《吕氏春秋》将此类人才提升到治国安邦的最高战略层面：“身定、国安、天下治，必贤人。”[①]春秋时期的几个国君之所以能够成就霸业、当上霸主，一个重要原因是他们都深得外来贤才的助力，其中，齐桓公是依靠管仲第一个成就霸业的君主。另外，不以政治使命为主题、不以致仕为目标的各种学说往往难以成为显学，使中国社会对“人才”的理解过早、过多地与“仕”相连，以至于脱离治国安邦这一主线的各种思想主张、学派甚至大师均未得到当时的充分重视，也未得到后世学人的应有尊重，其中，最典型的就是墨家、名家和数术家。尤其后期的墨家偏向逻辑学，《史记》仅仅用 24 个字进行描述。在漫长的君主专制时期，墨家让位于儒术，几乎消失于历代文人墨客的字里行间，直至近代，逻辑学家公孙龙（白马非马、离坚石等诡辩论）、惠施等更是少人问津，这与主张“学而优则仕”的儒学形成了极其鲜明的对比，也与同时代的地中海周围各文明形成了鲜明的对比，并深刻影响了 2000 多年的中国科学发展方向与重心。

二、刻意强调学以致用，带有过于浓厚的实用主义色彩

作为东周衰败的统治集团的最低层级，士开始挣脱宗法制，四处寻找

---

① 刘生良：《吕氏春秋评注》，商务印书馆 2015 年版，第 170 页。

机会,主旨或为求官或为求财,亦即改变政治地位或(和)经济地位,这是“士”先天的政治地位(等级制的最低层)与经济地位(难以生存)所决定的。换言之,包括孔子在内,东周时期的“士”没有相对独立的经济基础,甚至无法独立生存,需要通过求官改变生活状况,以至于所有显学均致力于为君王统治和诸侯争霸出谋划策,否则,再高尚的仁义道德说教最多只能赢得君主的以礼相送,正如齐宣王礼送孟子般。统治阶级招揽天下贤士,根本目的是“有智为寡人用之”,鼓励士人们就国计民生发表议论。士人也纷纷“著书言治乱之事,以干世主”。商鞅与秦孝公的三次谈话中的第一次谈话(帝道治国)使后者毫无兴趣,秦孝公对第二次谈及的王道治国也无积极性,只是对第三次谈及的霸道治国理念(短、平、快)高度肯定。事实上,商鞅第一次谈话的主旨与孟子向齐宣王宣讲的仁义治国如出一辙。可见,如何吸引君王的兴趣、实现争权夺利是议题的关键。纵观稷下学宫的演讲与辩论(时称“期会”)主题,无疑以救世主张居多,遑论四君子门馆、吕不韦门馆等的门客之言。

正由于直接面向“时事政治”,大批门客与游士不得不曲意逢迎、故弄玄虚,以求重用,甚至卷入激烈的政治斗争并成为牺牲品。比如,《商君书》深知秦孝公对成本高、收益慢的仁义学说毫无兴趣,便对儒学极尽贬斥。相应地,很多君主对于“士”的尊重也以实际的治国理政业绩为衡量标准,以至于“士”一旦获得重用便丧失了独立人格。有一批客卿会因权重却缺乏有力支撑而归还权位。较为典型的例子有范雎、蔡泽。史载蔡泽为相“数月,人或恶之。惧诛,乃谢病归相印”(《战国策》)。更有甚者,如果政治理念不能获得君王的支持与庇护,甚至可能遭遇杀身之祸,而之前的所有理念、主张甚至治国功绩全部归零,最典型的谋臣代表是伍子胥、吴起与商鞅。公元前 484 年,伯嚭诬陷伍子胥有谋反之心,吴王夫差赐死伍子胥,赠剑令他自尽,以致孔明慨叹“子胥长于图敌,不可以谋身”(《论诸子》)。吴起“废公族疏远者”,让一些旧贵族迁到“广虚之地”等措施,无疑损及楚国旧贵族的利益并因此遭到嫉恨。公元前 381 年,“及悼王死,宗室大臣作乱而攻吴起,吴起走之王尸而伏之。击起之徒因射刺吴起，并中悼王”（《史记·孙子吴起列传》）。公元前 338 年，秦孝公死后，由于变法而得罪了世族元老的商鞅被公子虔诬为谋反，战败死于彤地，尸身被运至咸阳车裂，秦惠王下令诛灭全家。

三、刻意强调帝王用人之术，不重视人才制度设计

随着以民为本的文化意识的转变，从西周开始，人神之间的“脐带”被割开，人类和氏族本身的自然血缘关系便成为压倒性的因素。加之古代先民“日出而作，日落而息”的农业生活方式，使他们更加难以冲破人类原有的血缘关系。这种靠血缘纽带联结的牢固的社会组织形式恰恰成为周代宗法制度的基础。周公制礼作乐确立了秩序严谨的宗法体制，这是一种根据血统关系分配政治、经济权利的制度，其中，周公制定的用人之典包括嫡长子继承制、分封制和世卿世禄制。这种用人制度虽然可以在一定程度上防止财产和权力的争斗，但实际上并不能保证选拔出最合适的继承人和执政者。[①] 东周 170 多个大小诸侯常年征伐、相互兼并，上演了极其惨烈的诸侯混战，重用贤能之士可以获得一臂之力，更有多位君主绕过国内贵族势力，延揽国外人才从而借重外部力量，使外国人才成为国内政治斗争的风口和祭品，以至于韩非怒称“境内之杰不事，而求封外之士，不以功伐课试，而好以各问举措，羁旅起贵以陵故常者，可亡也”（《韩非子·亡征》）。另外，人才在本国不受重用，是人才资敌的主要原因。尤其那些志向远大、才华横溢者对富贵的追求更为强烈，在本国得不到重用之时，会产生到他国发展的心理。某些人才在他国实现人生价值的同时也相应发挥了“资敌”功能。如“楚材晋用”不只是对晋的强大起到了重要作用，而且也相对削弱了楚国的实力。伍子胥避祸入吴，得到吴王重用而得以带领吴军攻入楚国郢都，鞭楚王之尸而报杀父兄之仇，给楚国带来的是灭国之灾。东周数百年间，秦对关东人才的重用直接强化了秦的政权，建立起强大的统一秦朝。值得注意的是，中国当代人才外流与中国古代人

---

① 贾红莲：《儒家“以德为先”的人才观及其现实意义》，《天中学刊》，2016 年第 3 期。

才资敌虽然有别,但也有相似之处,在一定程度上产生了异曲同工的后果,对中华民族的全面复兴造成了不可低估的损失。[①] 随着中国国内经济科技与西方差距的迅速缩小,通过外籍人才移民制度设计赢取优势、营造良好的人才发展生态,是补回这一历史损失的必要之举。

客卿的最早形态是指宗法血缘之外的人。周公制礼作乐之际,早期客卿便有了制度化萌芽倾向。政治权力重心的不断分散下移以致诸侯争霸,天下大乱,这种社会结构的变化正是宗法分封制被破坏的表现。宗法分封制被破坏,使世族制度失去赖以存在的基础,趋于瓦解。世族组织之外的士人,越来越多地占据官位。但君王对外国人才的使用更多借助于法家的法、术、势(《韩非子·用人》)。相反,世官世禄制度却始终存在。各级官吏都是由国王、诸侯按与自己血缘关系的亲疏远近分封土地、臣民给世族,作为食邑,并且允许世代相传,这就是“世官世禄”制度。《左传·桓公二年》:“天子建国,诸侯立家,卿置侧室,大夫有贰宗,士有隶子弟,庶人、工、商各有分亲,皆有等衰。”《左传》《国语》中记载了很多以这种方式世袭官位的世族,比如齐国:国氏、高氏、崔氏、庆氏、陈氏,卫之孙氏、甯氏,宋之华氏、向氏、鳞氏、乐氏、皇氏;晋国:郤氏、狐氏、栾氏、先(原)氏、胥氏、赵氏、魏氏、韩氏、范(士)氏、中行氏、知氏,郑之驷氏、国氏、游氏、丰氏、印氏。世族凭借宗法、血缘纽带占据国家的高官要职,世官世禄制度导致出身社会下层或者非宗法系统的人才无法进身仕途,阻塞了贤能之士的上进之路。

可见,客卿制度减少等级制度、血缘关系对人才任用的束缚,四处求士或听取举荐。从某种程度上,客卿制度是对以客入仕的规范化、制度化的发展,对人才要求更高,也因此更具有生命力。“尊贤尚功”是春秋时期客卿的任用原则,这一制度以客卿为纽带,将单纯的以客出仕和单纯的军功出仕结合起来,是一种更为理想的仕进途径,但操作过程极不规范,以至于“古来破格用人,或一言契合,立擢卿相”(赵翼《陔余丛考》卷十八)。

---

① 付开镜:《中国古代的人才资敌现象及其当代启示》,《河北联合大学学报》,2012 年第 5 期。

在客卿制度中发展出来的人才受到的尊重是被强烈的时代要求激化出来的，政治与利益色彩浓厚，发展并不成熟，更多地以实用为目的，而不是真正对于知识与才能的尊重，所以常常出现“兔死狗烹，鸟尽弓藏”的现象。[①] 归根到底，客卿制度成为帝王之术的外化形式。但老子、韩非子等人的警觉并未引起士阶层的广泛关注，君王对少数贤能的推崇与重用使士阶层失去了应有的清醒与冷静判断。《孟子·离娄章句上》曰：“君仁，莫不仁；君义，莫不义；君正，莫不正。一正君而国定矣。”孟子甚至作出了“用一贤人，则贤人毕至；用一小人，则小人齐趋”的夸张研判，突出反映了失去独立经济基础并离开故土的士的尴尬存在。但在君王用人之术的引导之下，士的存在与发展并未获得应有的制度保护，以致吴起、伍子胥、商鞅等的悲剧频频上演。

---

① 贾红莲：《儒家“以德为先”的人才观及其现实意义》，《天中学刊》，2016 年第 3 期。

第七章　我国外籍人才移民制度设计的逻辑框架

改革开放以来的海外引智工作积累了丰富的实践经验，西方发达国家的技术移民政策设计及近期转型也为我国提供了诸多外部启示与警示，一部分中国学者对未来中国的外籍人才与技术移民制度问题进行了大量的实证调研与学理探索，这都为构建未来中国的外籍人才移民制度架构提供了历史镜鉴与实践基础。当前，我国需要基于多元一体全球化的时代背景，立足全球、面向第二个百年奋斗目标，适时推动外籍人才政策制定向外籍人才移民制度设计的跃升，为社会主义现代化国家建设提供外部智力支撑，为引智领域实现治理体系和治理能力现代化提供制度保障，并为争夺该领域的国际话语权创造条件。

第一节　外籍人才移民制度设计的历史方位

改革开放之后，我国的出国留学政策与海外人才引进政策一度以美国等发达国家为主要目标，以海外科技人才为重点，优先考虑重大急需领域的发展需求，这种引智模式是中国特定历史发展阶段的产物。如今，全球人才大变局渐次纷呈，集中体现在以下四个方面：一是信息科技革命加剧了全球人才争夺，人才的引领作用进一步凸显；二是西方发达国家相继调整了技术移民政策，加大了对理工科领域高层次人才的“精准引智”力度；三是国际人才市场开始了基于全球网络空间与大数据技术手段的结构性重塑；四是中国不再是传统意义上的追随者，而是被西方发达国家尤其美国定格为最主要的战略竞争对手，中美人才战迄今已经进入第三阶段。多元一体全球化时代的到来要求我国尽快转型升级引智模式。

中美之争本质上属于实力之争、利益之争和制度之争。面对持久化的中美人才战，我国亟须充分发挥政府、市场、社会组织和专业机构四种力量。党和政府需要充分扮演战略规划、制度设计、统筹协调、方向引导、安全保障等角色，切实发挥市场主体在人才筛选、人力资本定价、人才使用、人才激励等环节的决定性作用，全面调动各类社会组织、专业机构在供需信息匹配、标准设定、绩效评估、交流渠道拓展、专业网络构建等方面的优势，真正形成各类引智主体之间的新合力，并通过外籍人才移民制度设计，从体制机制上为新时代的海外引智工作提供支撑与保障，进而重塑我国的海外引智模式。

早在2002年5月，中共中央办公厅和国务院办公厅印发了《2002—2005年全国人才队伍建设规划纲要》，提出完善和健全有关法律法规，并探索制定中国技术移民法。这是中国政府第一次正式提出研究和制定技术移民法，为海外人才来华工作提供法律保障。2003年12月，《中共中央 国务院关于进一步加强人才工作的决定》发布，明确要求“按照国际惯例和市场规则，抓紧制定技术移民法”。2010年6月，中共中央、国务院下发《国家中长期人才发展规划纲要（2010—2020年）》，确定“大力吸引海外高层次人才和急需紧缺专门人才”的部署，提出“探索实行技术移民”。《中共中央 国务院关于深化体制机制改革加快实施创新驱动发展战略的若干意见》（中发〔2015〕8号）在总结改革开放以来的海外引智工作经验和成就的基础上，进一步从战略高度提出要“实行更具竞争力的人才吸引制度，规范和放宽技术型人才取得外国人永久居留证的条件，探索建立技术移民制度”。

党的十九大报告作出了“人才是实现民族振兴、赢得国际竞争主动的战略资源”的重要论断，并要求“坚持党管人才原则，聚天下英才而用之，加快建设人才强国”。《中华人民共和国国民经济和社会发展第十四个五年规划和2035年远景目标纲要》明确要求“实行更加开放的人才政策，构筑集聚国内外优秀人才的科研创新高地”。2021年9月召开的中央人才工作会议进一步强调实现科技自立自强，加快建设人才强国。因此，加快外籍人才移民制度探索是实现党和国家发展战略的重要步骤，是我国海外引智工作演进的必然逻辑，是未来中国参与全球人才大争夺的客观需要。制度设计的历史方位主要涵盖以下四个方面的因素：

(1)源于新一轮科技革命的全球人才大变局深度推进，世界各国围绕新型科技人才的争夺必将更趋激烈。除了市场化途径之外，各种行政举措甚至司法手段均可能出现。

(2)美中贸易战及乌克兰战争宣告了美国主导的新自由主义全球化时代的终结，人类进入多元一体全球化时代，基于全球网络空间尤其全球知识网络的多极力量并存，必将深度改变国际移民的流向与流量，国际移民的动因更趋复合，集聚指向也更加多元。

(3)时代发展的主题从和平与发展转变为和平、发展与安全，“更加开放”与“更加安全”不仅并行不悖，而且需要有机结合。安全因素成为外籍人才移民(技术移民)工作中的第一考量。

(4)不仅来华外国人的规模将不断扩大、结构更趋复杂，而且中国海外公民的权益保护问题也将凸显，对在华外国人的综合治理需求与对海外公民的域外治理需求同时加大且相互影响。

海外引智环境的深刻变化与我国经济科技发展的阶段性需求互为因果。作为国际人才市场上的新主角之一，我国必须深刻洞察世界范围内的人才流动，明晰未来全球人才竞争的新态势与新趋势，并以更宽广的国际视阈和更深邃的历史眼光进行前瞻性布局，通过加快设计中国新时代的外籍人才移民制度，赶上西方发达国家的转型步伐，形成该领域的中国话语体系，包括概念体系、理论体系和制度体系，争夺国际人才市场上的中国话语权。

第二节　外籍人才移民制度的基本概念界定

我国在学习借鉴发达国家技术移民管理经验的过程中部分借用了西

方的相关概念。但由于中国既没有传统移民国家的长期移民传统，也没有欧日发达国家和地区的殖民历史背景及特殊的宗主国—殖民地之间的历史文化联系，因此，需要根据中华文化特质和中国新时代的国家核心利益，重新界定相关概念，在厘清以往概念使用中形成的某些误译、误传、误报现象[①]的前提下，重新审视相关核心概念，界定其内涵与外延，防止不必要的歧义甚至文字层面的歧义，为真正意义上的中国话语体系的形成设定必要的逻辑前提和概念基础。

一、不再使用技术移民概念，启用外籍人才移民概念

日本学者田中喜雄于 1958 年在《燃料协会志》刊文《巴西与技术移民》，最早使用了汉字“技术移民”一词。[②] 至于中国本土学者对该词的使用是否与此有关，迄今考无所据。从词源学的角度来看，“技术移民”属于西方概念的汉语译法，但在翻译过程中出现了由于语言差异导致的不必要的歧义。根据国际移民组织（IOM）的《国际移民法—移民词汇》，名词 migrant 指“在国际层面上为提高物质或社会条件，改善本人或其家庭成员的发展前景，而迁徙到其他国家或地区的人员”，亦即迁移者，包括跨国移出人员（迁出者，emigrant）和跨国移入人员（迁入者，immigrant）。migration 指“跨越国家边界或在一国内部进行迁徙的过程”。相应地，emigration 指“为在其他国家定居，离开或从某国出境的行为”。immigration 指“非公民为定居而迁徙至本国的行为”。在英文中，migrate 作为动词，表示迁移的行为；migrator 作为名词，表示迁移者。但在我国学术界的相关研究中，出现了所谓的多种情形的分析。比如：

---

① 高子平：《海外高层次科技人才流动与集聚问题研究》，上海社会科学院出版社 2017 年 8 月版。相关章节对我国学术界在海外人才研究领域出现的各种误译、误传、误报及曲解进行了梳理和更正。

② ［日］田中喜雄：《巴西与技术移民》，《燃料协会志》，1958，37(4)：231。文中写道：建造钢铁厂为数百名技术工程师和辅助人员等开辟了移民之路，同时有望他们在工厂近郊进行耕作。日本 85%以上的巴西移民是农民，但在未来，移民政策必须扩大至技术移民、企业移民。其里程碑式的第一步就是建立 minas 钢铁厂。

现代汉语中“移民”一词的含义有如下三个特点：第一，同时具有“移居的人”和“移居的行为”两层意思。后者基本与拉丁语“migratio”(动词形式是“migrare”)及其衍生出来的英语、法语和德语的表述“migration”和西班牙语表述“migracion”对应；前者在英语中被称为“migrant”。当然，“migration”在英语中还可以指“迁徙的人或动物的数量”。第二，既指人口在一国之内的迁徙行为或在一国之内迁徙的人口，又指人口在国家间的迁徙行为或在国家间迁徙的人口，是国内移民与国际移民的统称。第三，不区分移入与移出。在英语中，移民对应的词有 migrant、migration、emigration、immigration。

长期以来，不仅我国学术界时常将“技术移民”狭义理解为专业技术人员的跨国迁移，我国海外人才政策设计过程中也普遍存在主要考虑专业技术人才的明显倾向，并且或多或少地忽略了西方“skill migration”时常涵盖的投资类、演艺类、特殊技能类人才等，比如澳大利亚的 business skills migration 类型。词源追溯作为学术探究的一种形式，是必要的。但由于不同语言文字而刻意进行分类解释则大可不必，更没有必要用所谓的“技能移民”与“技术移民”进行区分、比较，因为西方技术移民制度的本意并非纯粹针对技术，skill migration 的 skill 不能机械地理解为 “技能、技巧、熟练、巧妙、才能、技术”之意，而是对应于中文的“才能”。换言之，技术移民的核心就是才能的迁移，而才能附属于人才本身，因此，可以将“技术移民”的中文概念界定为：移居别国的人才。相应地，我国技术移民制度的规范对象就是：可能或者已经移居中国的外籍人才，这一群体的移民行为即为外籍人才移民。

事实上，“人才”作为中国本土概念，更能精准涵盖 skill 的政策内涵，可以达到与英文 Brain Drain 中的 Brain 相同的语义效果。同时，“外籍人才移民”可以消除我国学术界在海外人才、国外人才、外国人才、外籍人才等诸多概念长期交叉混用的现象，尤其可以改变海外人才这一文化概念长期存在的语义不清、边界不明的状况，将拥有其他国籍的人才作为单列群体，从移民政策的维度进行管理与服务，便于逐步与发达国家的技术移民制度进行对接,也有利于后续的转换制度设计与国籍政策优化调整。因此,建议学术界启用语义清晰、边界清楚并具有中国特殊文化意蕴的“外籍人才移民”(Foreign Talent Migration;Foreign Talent Migrator),与西方的技术移民概念相对应。中国特色的技术移民制度的本质就是外籍人才移民,中国特色的技术移民制度即为“外籍人才移民制度”,通过通俗易懂的表达清晰地呈现规范对象及工作范围,避免文字层面的各种争执与疑义,彰显中国特色移民制度的深刻内涵,规避西方发达国家技术移民制度的缺陷,并妥善处理以下几个关联性概念的存废问题。

二、不再单设“投资移民”类别,不再使用投资移民概念

我国的“投资移民”概念是在吸引外资背景下借鉴欧美的做法,但社会公众的理解有所偏差。在美国的职业移民分类中,“投资移民”属于EB-5,亦即属于职业移民的一种,是美国永久居留类移民中备受关注但人数规模不大的一种;在澳大利亚的移民分类中,“投资移民”(Business Skills Migration)(也有译为“商业技术移民”)作为技术移民类的亚种类,而不是单列。加拿大投资移民则以联邦创业移民项目、BC省投资移民、曼省投资移民、魁北克省投资移民项目的形式出现,同样采用积分制。

加拿大曼省投资移民的申请条件

1. 管理经验:在过去5年内有至少3年以上的管理经验,高管或企业主均可;

2. 语言能力:CLB 5以上;

3. 教育程度要求:高中以上学历;

4. 年龄:无最高年龄限制,但在25—49岁之间才可得分;

5. 投资额:在曼省MCR地区投资至少25万加元,在曼省MCR地区以外投资至少15万加元;

6. 雇用人员:要求雇用至少1个当地人(企业主及其亲属不计算入内);

7. 商务考察：需要提交 1 份商业计划书，且考察必须在递交 EOI 之前 1 年内进行；

8. 适应性加分：

(1)配偶语言达到 CLB 5 或以上；

(2)申请人或配偶第二官方语言在 CLB/NCL 5 以上；

(3)申请人或配偶有亲属目前在曼省居住，并超过 1 年以上；

(4)递交 EOI 前，孩子在曼省全日制学习 6 个月以上；

(5)申请人或配偶 17 岁以后持有效签证在曼省完成 1 年以上全日制的学习或在曼省至少 6 个月以上的全职工作，并由雇主开具推荐信。

"投资移民"带有一定的汉语言色彩和中国改革开放之后吸引外资的时代诉求，给社会各界造成的错觉就是"只要达到一定的投资额就能移民"。事实上，在西方国家的政策设计中(这里不涉及少数扮演"避税天堂"角色的岛国，以及公然出售国籍或居留身份的小国)，实施对象不仅针对投资者，还包括创业者、企业高管等。同时，投资额度只是移民申请条件之一，还必须达到"人才"的基本标准，亦即回归到人才移民序列，并非单纯依据投资行为而直接获得移民身份(所谓的"花钱买国籍")。

尤其在多元一体全球化背景下，金融与科技的关系更加密切，创业模式更趋灵活多元，将投资行为单列有悖经济科技融合式发展的趋势，因此，建议在后续的政策设计中，不再单列所谓的"投资移民"类别，而是参照美国、澳大利亚的做法，作为技术移民(外籍人才移民)的一个条件选项。具有投资行为作为外籍人才移民序列的加分项之一，一并设计申请标准，可以防止出现类似于开曼群岛、维尔京群岛、百慕大、圣基茨和尼维斯、圣文森特和格林纳丁斯等"避税天堂"的移民情形，一如既往地维护我国在国际移民领域的国家形象和国际影响力。

三、不再使用“永久居留”一词，改用“长期居留”

在我国的学术研究及政策文件中，习惯性地将“permanent residence”译成“永久居留”，以彰显居留的长期性。但在实际操作中，引起了诸多不必要的误读和误判，在政策文本编制过程中甚至出现了自相矛盾的界定，归根到底，同样是由于英汉双语之间的翻译问题。在汉语言文化的特定语境中，“永久”的本意是“时间上没有终止，永远”，因此，“永久居留”的应有之义是“永远居留（在中国）”，从而引发了社会公众的过度解读，并集中反映在 2020 年 2 月《外国人永久居留条例》征求意见诱致的舆情风波中。《外国人在中国永久居留审批管理办法》第二条规定“外国人在中国永久居留是指外国人在中国居留期限不受限制”，言下之意，就是“永远”，对于当事人而言，亦即终身拥有居留权；但第二十一条规定：《外国人永久居留证》的有效期为 5 年或者 10 年。被批准在中国永久居留的未满 18 周岁的外国人，发给有效期为 5 年的《外国人永久居留证》；被批准在中国永久居留的 18 周岁以上的外国人，发给有效期为 10 年的《外国人永久居留证》。换言之，事实上是有期限的，这与“永远”的本意显然相悖，与社会公众的理解也不相同。

我国通常在政策文本中将“永久居留”、长期居留、短期居留、逗留并列使用，归根到底还是按照时间长短进行分类，因此，建议在后续的法律文本起草中停止使用“永久居留”一词，改用“长期居留”，避免社会各界不必要的语义误解及可能出现的文本歧义。同时，将所有有年限的居留按序排列，进行分类，形成相对完整、与国际通行做法保持一致的居留类型，确保不同期限居留之间的转换，以及居留与入籍之间的转换。换言之，入籍是唯一真正意义上的永久居留。

第三节　外籍人才移民制度设计的目标设定

外籍人才移民（技术移民）制度本质上是国家实现引才目标的政策工

具。在具体设计和调整技术移民制度时,国家以阶段性的发展需求为导向,通过控制外籍人才的类型、素质、数量和待遇这四个变量来改变流动趋势,以此调整国家或地区的人才结构、规模和社会融入,缩小政策目标的预设要求与人才现状之间的差距,让人才的现实状况不断向政策目标靠拢,最终达成政策目标,实现最有利于国家利益的帕累托最优状态。简言之,国家基于外籍人才的价值判断确定宏观政策目标,政策目标指导制度变量的制定与调整。① 因此,探寻我国外籍人才移民制度体系的前提是必须明确总体战略目标。总体而言,需要逐步放弃通过倾斜性政策吸引外籍人才、补充本土人才资源不足的传统思路,实现从政策优惠向制度优势的跃升,营造良好的人才生态,为各国优秀人才提供更加开放、公平、包容的职业发展空间,为在更长历史周期、更高层面的全球人才竞争中提供制度保障。

改革开放之初,本土人才队伍的规模较小、层次不高,难以支撑"四化"建设的总体目标,只能通过"送出去""请进来"等形式,尽可能地补充国内各条战线对人才资源的迫切需求。因此,海外人才政策具有高度的灵活性、实用性、操作性。毫无疑问,这是中国改革开放取得成功的重要秘笈,基本达到政策设计的初衷。但随着国际国内环境的深度变化,尤其中国经济科技发展进入全新的历史阶段,必须重新审视以往的海外人才政策,客观认识到政策安排的局限性,包括某些超国民待遇等体现出的不规范性,以及很多地方的海外人才政策甚至带有权宜之计的特点。换言之,很多引智政策通过政策倾斜,包括在土地批租、税费优惠、平台搭建、福利待遇、工作条件等方面的一系列举措,形成了事实上对本土人才的不公平。但这种不公平是建立在外国专家等对中国经济科技发展的特殊角色的基础之上的。

随着本土经济科技的超常规快速发展,内部需求迅速改变,本土舆论环境也发生了重大变化。归根到底,本土人才队伍逐步壮大,与海外人才

① 宋娇莹:《发达国家技术移民制度的内在逻辑与启示》,《武警学院学报》,2021 年第 7 期。

之间的关系从互补转为竞争[①]，很多引智举措的政策效用下降，但社会各界的舆论关注增多。如今，政策层面的海外人才工作的历史使命已经基本完成，需要逐步实现从政策安排向制度设计的跃升，进而实现从政策优惠向制度优势的跃升，为在更长历史周期、更高层面的全球人才竞争提供制度保障。外籍人才移民是中国特色技术移民制度的本质，也是中国实施人才强国战略和创新驱动发展战略的重要环节。外籍人才移民制度设计的直接目的是全面落实“聚天下英才而用之”的战略目标，立足全球、面向第二个百年奋斗目标，在世界范围内遴选、集聚、使用各类优秀人才，使我国的人才政策与产业政策、科技政策等相匹配，基于全球层面而不仅仅是基于全国层面进行资源整合，在全面拓宽人才资源整合的基本面的前提下，达致人才战略实现路径的最大化。

第四节　外籍人才移民制度设计的基本思路

信息科技革命是全球化进入全新发展阶段的内在驱动，全球网络空间尤其全球知识网络的形成为各种力量的多元一体提供了底层逻辑，也保证了全球人才流动与配置进程的延续性，但具体的流配方式、方向、周期等均已发生深刻变化，这就预示着外籍人才移民制度设计的基本思路需要进行相应的转型、升级或调整。

一、从立足需求侧转向兼顾需求侧与供给侧，强化人才情报采集与动态跟踪

在中国科技、产业发展的起步阶段，传统引智思路可以维系基本的工作推进，但随着全球人才竞争的持续加剧，以及科技链、产业链的深度调整，我国必须直面科技自立自强的战略需求，全面强化全球层面的人才情

---

① 司江伟:《海外引进人才与本土人才协调发展问题研究》,《中国石油大学学报》,2013 年第 5 期。

报搜集、分析及应用，将其作为未来中国人才市场业务结构调整的重点方向，从数据层面提高海外人才猎聘的能力。随着新自由主义全球化时代的终结，全球人才竞争上升到国家安全高度，以往关于人才大数据平台的任何设想均已失去基本的操作条件。我国也需要尽快转变科技人才情报方向，通过最新的信息技术手段进行全球层面的人才信息采集与数据挖掘，构建完整的科技人才情报系统。

二、从刚性引进为主转向兼顾刚性引进与柔性集聚，强化基于全球知识网络的智力聚合

在工业经济时代，人才流动通常指“人”与“才”的同时流动，“才”依附于“人”，因此，人才流动的显性形式首先是人的流动，通常也被称为“刚性流动”。无论延揽外国留学生，还是通过技术移民手段吸引外国人才，各国普遍通过引进“人”的途径引进“才”，并通过设定技术移民配额的形式进行规模与类型的调控，将技术移民的规模作为测算政策效应的主要指标之一。带来的直接结果有二：一是技术移民过程中形成了各种移民网络，并因其专业性、知识性特征而备受关注，比如，我国新竹市、印度班加罗尔等与美国硅谷之间的 IT 人才移民网络；二是由于技术移民的专业性特征及相对较高的社会层次，流动成本及流动风险较高，通常追求“安居乐业”的静态价值。相应地，各国普遍提供了亲属移民配套政策，甚至为配偶就业、子女入学等提供相应的国民待遇及配套服务，确保人才流入之后生活稳定。事实上，这也是西方传统的技术移民政策的主要吸引力。

但在信息科技革命背景下，一方面，新型科技人才开始涌现，并因其知识—能力结构的高度复合性、职业周期短、流动性强等特征[①]，不再刻意追求相对稳定的“安居乐业”，而是以自身职业能力的最大化发挥为主要诉求，追求动态价值的尽快实现；另一方面，全球知识网络的形成使“才”得以适度与“人”分离，以相对独立的形式进行传播，“人”也可以在不

① 高子平：《新型科技人才：全球人才大争夺的新焦点》，《国际人才交流》，2019 年第 11 期。

进行指定式迁移的前提下进行远程办公。其中，“数字游民”最为典型。新的信息技术正打破物理空间的限制，扩展国际人才交流的边界。美欧多国大量投入虚拟实验室，在大学、研究机构和企业等多个场景广泛运用，借助网络计算机、虚拟现实技术、数字化仪器和软件，全天候对全球实验人员开放，实现了实验资源、实验数据和智力资源的远程共享。尤其在疫情背景下，线上与线下结合的交流方式进一步促使国际人才交流方式发生转变，从长期人才计划向短期人才交流、柔性引进和灵活交流方式转化。[①] 这就决定了跨国人才流动基本形态的变化，既可以是传统意义上的技术移民，也可以是基于虚拟平台的才智集聚，包括涉及多国的才智集聚；既可以是相对长期稳定的跨国迁移，又可能是频繁的短期跨国流动，包括在多个国家之间的短期流动。

尤其近年来，随着全球航空业的高度发达，短期流动的比例不断提高，早已超过长期居留，成为技术移民的主要形式，并直接涉及入出境的便捷性、用工形式的灵活性、税收制度的调整等一系列问题。我国传统的技术移民政策同样以外籍人才相对长期的居留与工作为政策设计初衷，亦即以刚性流动为主旨。在后续的外籍人才制度设计过程中，我国需要兼顾刚性流动与柔性集聚，不能停留在拼规模、定指标的层面，需要高度重视基于全球网络发展的柔性集聚，包括“数字游民”的集聚问题，着力提高入出境政策的便捷性及用工形式的灵活性，为各类人才的临时入出境及短期、灵活就业拓宽渠道。图 7—1 为柔性集聚的基本形式。

三、以营造人才生态为主旨，切实增强国际人才吸引力

自改革开放以来，我国的外籍人才工作经历了两个阶段：最初是通过出台外国专家政策举措，借助于高薪、重要岗位等特殊待遇，为外国专家等创造工作条件和生活便利，可以概括为“人才政策安排阶段”，各地方的政策举措相对灵活，时常特事特办（“绿色通道”）。尽管出现了不公平、不

---

① 施蒙：《国际人才流动有哪些新趋势》，《学习时报》，2021 年 12 月 24 日。

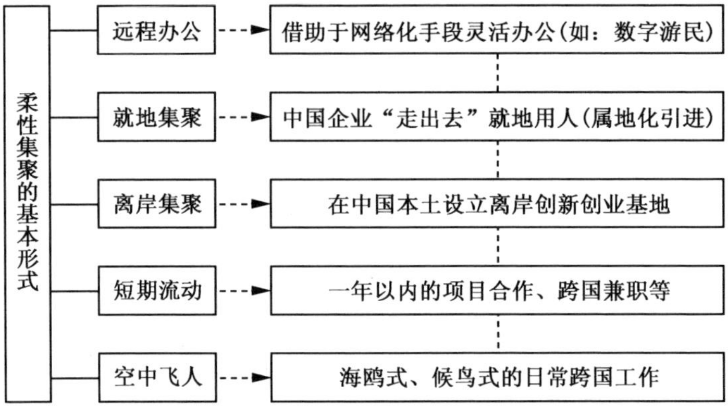

图 7—1 柔性集聚的基本形式

对等现象,但在本土人才严重短缺的特定背景下,本土人才的抵触较少;中国加入 WTO 之后,外籍人才需求迅速扩大,尤其是大批外资企业的入驻带动了内部员工派遣,我国迎来了外籍人才规模持续扩大的局面,国内相关用人单位更多地通过市场化途径引进外籍人才,与外国专家引进形成了并行不悖但途径各异、待遇不同的局面,并且由于市场化引进形式灵活多样,相关部门加快了外籍人才管理的法律法规出台步伐,可以概括为“人才制度探索阶段”。当然这两个阶段尽管在时间上继起,但具体举措在空间上是并存的,而非简单的替代关系。同时,尽管这两个时期的人才工作抓手有所差别,但工作思路一脉相承、工作机制相互衔接(见图 7—2)。

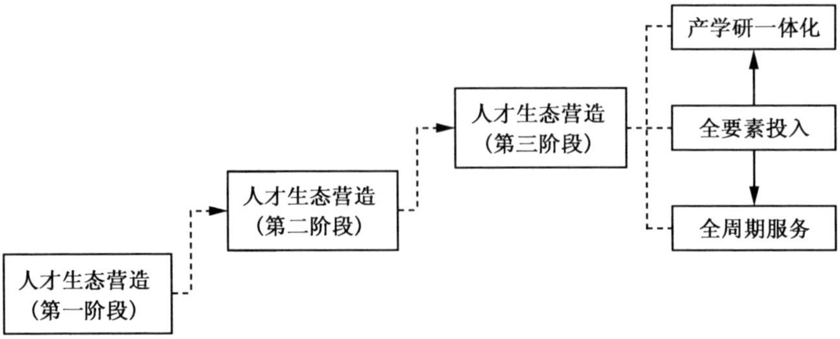

图 7—2 人才工作的三个层级

近年来，海外引智的国际大环境发生了深刻变化。一方面，国际政治格局与世界经济秩序深度裂变，中国逐步进入世界舞台的中央，中西方尤其中美关系中的竞争性因素持续凸显，通过政策性举措引进外籍人才从而弥补国内高层次人才短缺的工作思路渐趋逼仄；另一方面，在全球网络空间背景下，信息传递逐步克服了空间的阻滞和时间的迟滞，使“人”与“才”开始分离，为人才的柔性集聚创造了条件，使其不再以物理意义上的单位、部门为限，而是更多地关注个人的职业生涯规划。以往对薪资、福利等静态价值的追求开始让位于对股权激励、个性发展空间等动态价值的追求，对事业的忠诚开始超越对组织的忠诚，这不仅对人才流动机制和管理体制提出了新要求，而且要求基于人才的自主意识和自我意识，系统营造良好的人才生态，为各类人才的自由流动、自主集聚和自身能力的发挥提供尽可能宽广的平台、尽可能便捷的渠道和尽可能多的机会。换言之，人才工作实质上开始进入第三阶段，即人才生态的营造阶段，而全要素投入、产学研一体化、全周期服务体系是人才生态营造的三个关键环节。因此，在外籍人才移民制度设计的过程中，不能停留于入出境便利、社会公共服务等基本事务层面，而需要立足于新兴信息技术的发展趋势，从全球人才大变局出发，进行系统性的人才生态营造，建设各国优秀人才近悦远来的世界重要人才中心。

第八章　多元一体全球化阶段的外籍人才移民政策设想

改革开放以来的技术移民政策探索以一定时期的新自由主义全球人才配置为宏观背景，我国学习借鉴了发达国家的一系列先进经验做法。随着多元一体全球化时代的到来，中西方尤其中美之间在全球人才配置方面的原有默契被单向度的竞争性关系所取代，中国无法延续以往的参与式战略，必须直面全球人才市场的多元化新格局，并以全球网络空间(尤其全球知识网络)这一一体化的关键性技术要素为依托，重新进行外籍人才移民政策的顶层设计。

第一节　外籍人才移民的综合立法工作

综合立法工作是后续运行的法律依据。建议在总结《外国人永久居留条例》(征求意见稿)各方意见的基础上，专门制定《中华人民共和国外籍人才移民法》，以单行特别法的形式，尽快实现该领域的治理体系和治理能力的现代化，为“聚天下英才而用之”提供立法保障和制度保障，为顺利实现第二个百年奋斗目标提供全球层面的智力支撑。图 8－1 为外籍人才移民立法的基本框架。

一、我国外籍人才移民立法的基本形式

传统移民国家和欧日发达国家的技术移民立法通常采用三种立法形式：一是专项特别法，如英国专门针对高端技术人才出台了《英国高技术移民项目》(2002)，德国针对 IT 人才专门制定了一项法律以推行“绿卡计

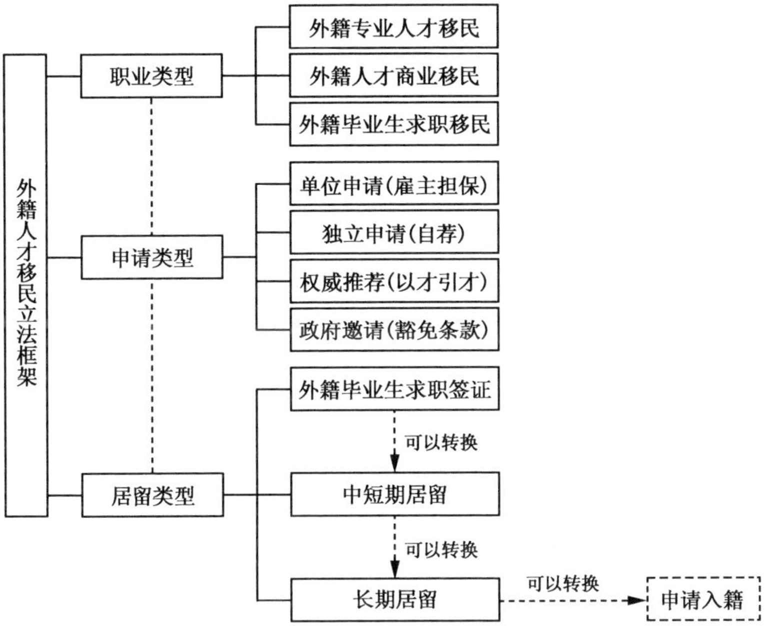

图 8—1　外籍人才移民立法的基本框架

划”(2001),以色列专门针对普通技术工人进行立法;二是作为移民大法的专门章节,比如美国有关技术移民的相关规定都记载在《移民与归化法》《国籍和护照》等章节当中;三是单行特别法,将技术移民的申请、管理等事项制定出一部内容完整的单行法,2020 年 3 月 1 日正式施行的德国《技术人才移民法》最为典型。

我国目前的法治环境并不能支持我国采用专篇专章的立法模式。无论是实质性修订现行的外籍人才移民方面的若干部法律法规,还是《出境入境管理法》中整体性加入有关外籍人才移民的内容,都会在立法理念、立法技术、利益博弈、管理制度等方面遇到诸多挑战。在归口式管理部门已经建立、国际移民正式上升为国家事权(而不仅仅是特定部门的具体职能)的背景下,采用单行特别法形式比较适应中国的具体国情。同时,单独立法可以保证将外籍人才移民从出入境、居留、就业、国际归化、社会融入等各方面进行全方位的统筹,这样更有利于实现人才利用的最大化。为此,建议在借鉴传统移民国家和欧日发达国家技术移民立法经验的基础上,进一步总结《外国人永久居留条例(征求意见稿)》引发的舆情风波及舆情生成机理,结合当前《出入境管理法》的修订工作,通盘考虑中长期发展需要,制定一部内容完整的单行法——《中华人民共和国外籍人才移民法》。

二、我国外籍人才移民的申请类型

(一)单位申请(雇主担保)

雇主担保是各国吸引和集聚外籍人才的基本形式,在西方技术移民制度中格外重要,尤其美国等是采用以雇主为核心的技术移民制度的国家,雇主是技术移民的主要挑选者。美国1924年《移民与国籍法案》就规定了雇主代替移民进行申请的相关内容。英国早在1955年就颁布了《外国人就业法》,首次通过法律条文规定了雇主招募外国人的条件。近年来,澳大利亚、新西兰等传统上采用积分评估制度引进技术移民的国家也开始逐渐引入雇主担保制度,发挥雇主在移民挑选过程中的作用。[①] 这是发挥市场决定作用的关键,也是保持技术移民政策灵活性的前提。如前所述,我国主要采用的是单位申请(雇主担保)形式,但事实上形成了"半"担保状况,即没有对申请单位的资质、类别,对外籍人才所承担的责任和义务等进行较为明晰的界定,而只是规定了申请资格。事实上,很多地方直接以清单的形式赋予一部分单位以申请权限,形成了另一类资格审批。今后我国的外籍人才移民申请类型无疑仍以单位申请(雇主担保)为主,这也符合国际惯例,但需要进一步规定申请单位的权利、责任及申请程序。

(二)独立申请(自荐)

雇主担保可以保证引进人才的质量,但由于中国的社会开放度相对较低,很多用人单位不具备在更宽广视阈内选用人才的能力、动力和偏好,所以,中国应当增加独立申请移民类型,作为对雇主担保申请类型的补充。相对而言,独立申请技术移民不需要在华工作经验,不需要提前确定雇主,不

---

① 熊缨:《国际技术移民制度比较及其对我国的启示》,《中国人力资源开发》,2015年第13期。

需要工作邀请。除美国之外的所有西方发达国家均设立了独立申请技术移民类型，而美国则通过豁免条款弥补了这一缺失。鉴于我国已经在上海等地内部实施了类似举措，在一定范围内积累了一些实践经验，建议在后续的立法过程中将独立申请移民作为外籍人才移民的一种基本申请类型。

（三）业内人士推荐（“以才引才”）

海外人才工作的重要经验之一就是尊重人才成长规律，发挥“链式效应”，通过“以才引才”扩大人才的“朋友圈”，从而确保部分领军人才实现团队式、整建制引进，同时通过高层次人才的引荐，确保被引进者的高层次和岗位匹配度。以往通常在教育、科研领域有过较多的尝试，同济大学等在实施“千人计划”过程中甚至与千人专家进行过明文约定。在近年的外籍人才引进中，移民管理部门已经在上海等地进行了部分内部探索。建议在后续的制度设计和立法过程中，进一步明确“权威推荐”的基本条件、主要程序等，将“以才引才”常态化。

（四）政府邀请（豁免条款）

经济科技发展的特殊需求、拟引进的特殊人才，都需要特批和优先审批制度。在美国，对于具有特殊才能的人才和急需的人才，可以免除劳工证或简化劳工证的申请流程，而符合其职业清单（A 清单）要求的人才可以豁免劳动力市场测试。在加拿大的省提名计划中，符合职业清单要求的技术移民申请人可以获得额外加分，相比其他职业的申请人可以获得优先审批。德国和法国则对符合紧缺职业清单要求的人才实行劳动力市场测试豁免，以求更有效地引进紧缺人才。① 相对而言，我国不涉及外籍人才引进与劳动力市场之间的关系问题，但在审核准入过程中，可以根据国际惯例，对国际优秀顶尖人才和国家急需的紧缺人才由政府职能部门制定优先引进的审批标准和程序，并由有关主管部门予以特批或优先审批。② 2021 年 7 月 15 日发布的《中共中央 国务院关于支持浦东新区高水

---

① 熊缨：《国际技术移民制度比较及其对我国的启示》，《中国人力资源开发》，2015 年第 13 期。

② 郭玉贵：《构建新时代中国特色技术移民制度》，《社会治理》，2017 年第 10 期。

平改革开放打造社会主义现代化建设引领区的意见》提出了关于全球高端人才引进的“直通车”制度问题。这就需要在各地长期实行的海外人才引进的“绿色通道”基础上,以立法和制度设计的形式,在规定前置条件、具体权限、主要程序的基础上,将政府部门的内部邀请列为我国外籍人才移民申请的基本类型,并通过“豁免条款”明确免责事项。

三、我国外籍人才移民的职业类型

传统移民国家和欧日发达国家的技术移民制度历经多次调整优化,甚至在基本概念、类型、申请途径等方面屡次调整。我国在学习借鉴的过程中也频频出现混淆现象,比如,技术移民与技术人才的关系问题、技术移民与投资移民的关系问题、长期居留与永久居留的关系问题、留学移民与学生移民的关系问题等。逐一厘清相关概念的内涵与外延,是进行技术移民职业分类的前提条件,也是避免制度设计继续出现类型混乱、操作不便等情形的重要条件。

(一)外籍专业人才移民(Professional Foreign Talent Migration)

这是外籍人才移民的主体,也是我国海外引智工作的重中之重。根据以往的实践经验,外籍专业人才移民主要包括三大类:一是科学家、艺术家、著名学者等高层次人才,做出过杰出贡献、获得过特殊荣誉、身处关键岗位者;二是科研、教研、研发类的中高层次的科技人才、博士后;三是文化、艺术、体育类的中高层次人才。

(二)外籍人才商务移民(Business Migration of Foreign Talent)

如前所述,“投资移民”只是我国在改革开放特定背景下的特殊理解,在传统移民国家和欧日发达国家,投资行为只是技术移民申请的一个打分项,比如美国的 EB-5 以及加拿大、澳大利亚的商业类技术移民申请。今后,对“投资移民”需要有更为全面的把握:一是不仅限于投资行为本身,换言之,不能如开曼群岛、维尔京群岛、巴哈马、百慕大群岛般,单纯以投资金额换取居留身份,而要规避投资入籍计划(Citizenship by Investment，CBI）之嫌，对投资者的自身条件及投资目的进行设定。二是不能孤立理解投资行为，而是需要从经营管理的角度进行审核，以免挂一漏万。因此，建议参照澳大利亚、加拿大等国的分类方法。称之为“外籍人才商务移民”（Business Migration of Foreign Talent），具体包括以下三类情形：一是投资创业者，将投资金额与专业水平、职业经历综合评估；二是企业雇主提名的外籍员工，主要从事经营管理工作；三是跨国公司员工，主要针对跨国公司内部转移员工。

（三）外籍毕业生求职移民（Employment Migration of Foreign Graduates）

包括本国培养的外国优秀留学生在内，学生移民始终是西方国家技术移民制度设计的重要对象。其中，美国吸纳了全球最大规模的优秀留学毕业生。近年来，西方国家在压缩其他各类移民配额的同时加大理工科留学生（STEM）的吸引力度，有其特殊含义：一是学生移民一如既往地属于青年群体，融入成本低，适应性强；二是新一轮科技革命所涉新兴科技领域的形成时间不长，与传统科技发展的路径、范式等存在很大差异。青年毕业生不仅在求学阶段便直接接触该领域，而且能更早、更便捷地适应新兴科技发展的规律和要求。

对于学生移民的理解可以建立在以下基础之上：一是参照如英国于2022年5月30日正式实施的“高潜力人才计划”（HPI Visa），立足全球，而不仅限于中国大陆地区的外国留学生，从中短期来看，至少需要涵盖我国港澳台地区高校的外国留学生；二是重点面向新一轮科技革命所需的新型科技人才，而不是广义的理工科专业。相应地，我国面向各国高校毕业生的学生移民制度设计包括但不限于中国大陆的外国留学生，以理工科为主，主要面向新兴科技领域，尤其是大数据、云计算、物联网、人工智能、区块链、量子通信等战略性新兴科技领域，切实地使今后的学生移民制度“面向全球”，形成比西方更加开放、便捷、灵活的学生移民体系。

四、我国外籍人才移民的居留类型及转换

外国人身份转换制度是指入境后的外国人转换在移入国身份的移民制度。在外籍人才移民(技术移民)范畴内,外国人身份转换制度主要是指工作签证转换永久居留、学生签证转换工作签证以及居留转换国籍三种。[①] 在国内外前期实践的基础上,建议划分为三种基本类型,即外籍人才长期移民(Long Term Migrant of Foreign Talent)、外籍人才中短期移民(Medium or Short Term Migrant of Foreign Talent)、外籍毕业生移民(Migrant of Foreign Graduates),形成可转换制度。相应的居留类型即为外籍人才长期居留、外籍人才中短期居留、外籍毕业生居留(学生移民)。

(一)外籍人才长期居留(Long Term Residence of Foreign Talent)

不再启用"永久居留"说法,外籍人才长期居留是指居留期限为10年的外籍人才移民。连续或者分别居留满2个10年期,具备申请入籍的年限条件(申请复籍者、特殊贡献者例外)。在长期居留与入籍之间明确建立转换关系。长期居留的外籍人才享有基本国民待遇和所在省份省城(直辖市政府所在行政区)的市民待遇(明文禁止的除外)。

在法国、德国等欧洲国家,只要作为高技术人才或IT产业的技术专家的申请获得批准,其随行的配偶和子女也会同时获得入境和居留许可。比如,德国的绿卡政策允许IT产业的外籍专家及年龄未满18周岁的子女一同赴德,且签证期限相同。对于配偶,首先允许申请12个月的工作许可,如能延长到24个月,可以申请无限期的工作许可。法国的"优秀人才居留证政策"规定,优秀人才证件持有人的配偶和子女不受当地家庭团聚程序的限制,可立即申请在法国居住、学习或工作。这些优惠政策的实施,最大限度地消除了技术移民对于家庭团聚的顾虑,对吸引更多的外国技术移民发挥了重要作用。[②] 因此,建议在全国范围内推广上海市于

---

① 刘国福:《技术移民法律制度研究》,中国经济出版社2011年版,第75页。

② 翁里:《中国技术移民立法问题探讨》,《汕头大学学报》,2013年第9期。

2015 年启动的“聚英计划”的相关政策设想及实践经验，对长期居留的外籍人才实行“家庭式引进”，即在主申请人获得长期居留移民资格的同时，原则上赋予直系亲属以相同时间跨度的随亲居留资格，受益人主要包括主申请人的父母、岳父母、异性配偶、未成年及（或）未毕业嫡系子女、未成年及（或）未毕业领养子女。

（二）外籍人才中短期居留（Medium or Short Term Residence of Foreign Talent）

将 4 年以内的技术移民统称为“中短期技术移民”，按照时间长短可以分为逗留、短期居留、中期居留三种。其中，逗留为 6 个月，短期居留为 2 年期，中期居留为 4 年期。连续或者单独 2 个短期居留可以转换为中期居留；连续或者单独 2 个中期居留可以转换为长期居留。中短期居留外籍人才享有基本的国民待遇和所在省份省城（直辖市政府所在行政区）的市民待遇（明文禁止的除外）。

（三）学生移民（Student Migrant）

发达国家普遍设定了针对外国留学生的求职签证，使其毕业后有一段求职时间。其中，荷兰为 3 个月，法国为 6 个月，德国、日本、新西兰和英国均为 12 个月，美国为 2 年，澳大利亚为 18 个月，加拿大为 3 年。美国的学生签证包括 F、M、J 三类：F 类签发给赴美进行学术学习的留学生，又包括学术学生（F-1）、签证配偶和子女（F2）；M 类签证发放给进行非学术或职业学习的留学生，同样包括职业学生（M-1）、签证配偶和子女（M-2M-1）；J 类签证适用于赴美国交流访问、在职培训、专业培训和从事研究工作的外国专家和访问者，包括访问学者（J-1）、签证配偶和子女（J-2J-1）。外国留学生是技术移民的潜在目标和重点人群，我国需要形成在华外国留学生与中国人才市场之间的衔接通道，确保一部分优秀毕业生留在中国。《中华人民共和国外国人入境出境管理条例》第 22 条将留学生勤工助学合法化。

自 2015 年以来，上海等地进行了积极探索，允许少数优秀的外国学生毕业后在中国创新创业，对外经济贸易大学甚至建立了国内首家专门面向来华留学生的就业指导中心，但总体上在华外国留学生毕业后在华就业者远未形成规模，更没有列为我国外籍人才移民的基本类型。拟建议将学生移民正式与长期居留、中短期居留并列为我国今后外籍人才移民的三大基本类型之一。对学生移民统一提供2年期求职签证（Job Seeker Permit），并根据毕业地点划分，具体涵盖以下四种情形：一是中国大陆地区的外国留学生，主要面向理工科博士生；二是港澳台地区高校的外国留学生，主要面向理工科博士生；三是国外外国留学生，亦即通常所说的第三国外国留学生，主要面向理工科博士生，或对应的职业教育学历等级、国际职业资格获得者；四是外国应届毕业生，主要面向理工科博士生，或对应的职业教育学历等级、国际职业资格获得者。可见，未来中国外籍人才移民体系中的学生签证基于学生身份和资历，而不限于留学生（包括在外国的外国留学生），因此，这属于发达国家留学生签证的扩大版，亦即面向全球所有完成较高层次学历教育并符合其他必要条件的学生。

第二节　我国外籍人才移民治理体系的运行机制

改革开放以来引智政策的主旨就是吸引、集聚、使用海外人才。外籍人才移民制度需要在此基础上按照国家治理体系与治理能力现代化的总体战略部署进行设计，并突出系统性、完备性、稳定性、前瞻性、安全性等几个基本属性。

一、充分运用最新信息技术手段，构建大数据遴选机制

近年来，以大数据、云计算、物联网、人工智能、区块链的迅速兴起为标志，大数据技术手段及相应的深度算法得到了广泛应用。同时，平台经济、共享经济、微经济三位一体，ICT产业及其技术的深度应用、制造业的精准化与智能化成为新兴产业发展的核心。高度富集并高效流转的个体数据重塑了人才的价值体系，国际人才流动呈现出一系列新趋势，如平台

化、虚拟化、分布式、智能化、场景化等。基于平台指向的柔性集聚重构了人才与产业之间的耦合关系，具体表现为虚拟集聚、阶段性流动（短期流动）、就地集聚、离岸集聚等更为灵活、更加柔性化的新型集聚形式，组织管理模式也随之改变。

我国在前期的海外人才引进过程中，由于政策安排的层级不高等原因，跨层次、跨部门的大型信息化平台未能形成，海外人才信息采集与数据挖掘总体上还处于探索阶段。随着人才资源的安全属性的凸显，广义的海外人才大数据正在转变为备受关注、激烈竞逐的人才情报。人才信息的形态改变，决定了在外籍人才移民制度设计过程中的前端治理触角前移，即充分运用大数据、数据挖掘等技术手段，对全球层面的高端人才资源进行动态跟踪、信息甄别、数据清洗、层级研判与能力评估，为后续的"以才引才"或内部邀请提供条件。因此，需要由相关部门牵头创设全球高层次人才信息系统，并形成部门之间的信息交互与部门协作机制，为外籍人才移民治理做好前端准备工作。

二、确立需求目录清单及敏感职业清单形成机制

许多发达国家在编制职业清单时综合考虑了劳动力市场的多种因素，包括劳动力供需趋势、当地工人情况、工作空缺的持续时间、各行业的失业率、工作空缺与失业率或求职人数的比率以及其他部门和学者的意见等，力求清晰反映技能短缺的情况，并通过科学编制职业清单，引导技术移民流入有需求的行业和产业，同时也避免技术移民与国内劳动力之间产生不必要的竞争，影响国内劳动力的就业状况。[①] 我国不需要过多考虑劳动力市场需求问题，主要是面向中高端外籍人才群体进行准入式的引进，与日本的情况较为类似，但发达国家的相关做法具有一定的参考价值。

在后续的外籍人才制度设计过程中，一方面，可以参照日本等国的做

---

① 熊缨：《国际技术移民制度比较及其对我国的启示》，《中国人力资源开发》，2015 年第 13 期。

法，根据国内重点领域、重点行业的关键性发展需求，形成动态调整（年度性）的需求目录清单。清单的形成必须建立在相关领域、行业部门及主要用人单位意见、专业意见和建议、科学预见与科技预测的基础上，并有一定的前瞻性和引导性。另一方面，可以参照美国的做法，主要针对雇主担保、独立申请类技术移民，制定并发布敏感职业负面清单，通过前置性的预防，避免不必要的申请和政策误解，同时为已经进入我国各行各业的外籍人才的转行、跳槽等设置防护栏。《美国职业移民签证敏感职业清单》共分 15 大类，不仅涉及一系列的敏感科研领域，而且涉及本国前沿的产业领域。我国的一些科技领域已经逐步进入全球领跑位次，需要参照美国的做法，对前沿的敏感技术领域进行保护与风险防范。

三、科学设计专业（行业）评价标准

目前，我国外籍人才引进的标准低于国际标准，灵活操作的空间较大。《外国人在中国就业管理规定》对外国人可以来华工作的条件甚至没有学历的要求、没有签证期限的限制。我国《引进海外高层次人才暂行办法》中规定的"在国外著名高校、科研院所担任相当于教授职务""在国际知名企业和金融机构担任高级职务的专业技术人才和经营管理人才"或者"拥有自主知识产权或掌握核心技术，具有海外自主创业经验，熟悉相关产业领域和国际规则的创业人才"等条件，甚至高于美国对杰出人才的引进标准。[①] 在后续的外籍人才移民制度设计过程中，除"以才引才"的权威推荐，以及政府部门牵头的"内部邀请"之外，其他各类外籍人才移民申请都必须经过相对规范的量化评价。这就需要在参照各国通行做法的基础上从专业门槛、学历要求、经验要求、文化关联性等方面着手，形成一整套公认的专业（行业）标准，并通过标准的设置与定期调整，引领相关领域的科技创新及产业发展走向。

---

① 王世洲：《我国技术移民法核心制度的建立与完善》，《中外法学》，2016 年第 6 期。

四、伦理、业务、安全、政治倾向背景调查机制

面对全球科技竞争与创新资源争夺，人才成为最主要的竞争标的之一，人才资源的安全属性凸显。美国的签证限制专业清单、德国的《专业人才移民法》等普遍规定了对于违反安全规定的惩戒措施。2022 年以来的荷兰高技术移民政策规定，高技术移民的雇主必须是荷兰公司，外国公司无法为雇员申请高技术移民身份。此外，人工智能、生物技术等领域的新兴技术发展还涉及伦理问题。因此，相关部门需要进一步完善背景调查机制，重点针对拟引进的高层次人才进行伦理、业务、安全、政治倾向等方面的背景调查，形成部门间联动机制。

美国通过背景调查措施降低风险

联邦调查局为联邦机构、议会、联邦法律部门、外国警察机构、国家及当地犯罪调查机构提供信息。根据不同种类的移民申请，移民局有一套安检程序的要求，一般包括三部分：

1. 入境管理审查系统

IBIS 联合多个政府机构进行信息处理、数据库和系统整合等，共同处理关于国家安全危机、公众安全议题和其他执法议题。USCIS 可以快速从这些部门提供的数据确认申诉人是否可以移民。IBIS 的检验结果通常立刻便能出来，在某些情形下，可能需要进一步的调查。

2. 联邦调查局（FBI）的指纹检查

联邦调查局一般会在 24 小时内直接转递检查结果给移民局。如果发现与 FBI 指纹库里的指纹相同，联邦调查局会提供一份申请人的犯罪历史电子文档给移民局。若有被逮捕或被判刑的经历，移民局则会要求申请人提供法院公证的被释放的证据。如果申请人有被逮捕过的记录，那么申请人应该在提出申请时就主动提供全部的数据，以避免因为对犯罪记录的误解而被移民局拖延、撤销或者拒绝申请。即使犯罪记录已被撤销，或者被判决无罪，在申请移民时都要申报。

3. FBI 的姓名调查(name check)

联邦调查局的姓名查核完全不同于指纹检查。它是执法机关、行政管理、刑事犯罪、人事部门和其他档案的汇总,通常在两个星期内可以得到初步响应。但即使 FBI 已经提供原始的响应给移民局,姓名调查也要等拿到完整的数据和资格问题都得到解决后,才算完成。

通过以上程序,移民局可以快速判定申请人是否与犯罪或安全问题有关,此程序对于大多数的移民案件不会有任何影响。但由于移民局的安全检查数量庞大,因此每个申请人都必须经过彻底筛检。所以,一些人难免被耽搁或延误。

五、简化审核许可程序,规范操作流程

美国 EB 类(职业类永久居留)签证的签发,以技能高低为依据,不同职业移民会被给予不同的优先程度,配额限制、比例变化等具体要求反映出美国对人才的需求和选择性。看似公平、合理,实际上难以精准量化和科学操作,因此,排期长期成为重要的影响因素。同时,相关做法以美国作为全球经济科技最发达国家为前提,不具有普遍性,难以沿袭。我国属于人际关系紧密型社会,中华文化的特质鲜明、简单明了、规范透明的审核流程是彰显人才引进诚意及社会公平的关键性环节,也是增强我国的国际人才吸引力和国际认可度的重要环节。我国在设计外籍人才移民制度的过程中必须形成一整套规范、完整、稳定的审核许可流程,使外籍人才独立申请或者单位申请更为便捷、明了。

六、探索移民融入举措,引导外籍高层次人才形成"中国梦"

移民融入服务是技术移民制度的基本维度,也是外籍人才真正在中国安居乐业、积极投身中国经济社会建设的重要保障。从目前的进展来看,此项工作涉及部门多,各地、各部门的重视程度和进度不一,外籍人才在子女读书、就医、金融支付、交通出行等基本待遇方面还有很大的提升

空间。基本公共服务对外籍人才的全覆盖是移民融入的基本条件，也是准确落实公平的国民待遇的主要体现。同时，通过实施家庭式引进、确保外籍人才的家庭稳定，也是促进社会融入的关键环节。近年来，发达国家在减少亲属移民配额的同时，更加重视高层次人才引进所涉的亲属随迁，德国甚至在移民法中进行了明文规定。2022 年 4 月，爱尔兰移民局宣布，凡持有关键技能就业许可者，其配偶直接获得 Stamp1 签证，可以直接就业，无须单独申请就业许可。早在 2016 年，上海市的“聚英计划”便设立了家庭式引进类别。

> 张江示范区内设有移民事务服务中心、移民政策实践基地以及在张江科学城展厅共建的外国人社会融合服务站。全市外籍人才融入服务活动以“移民事务服务中心”为核心，依托 28 家“移民融入服务站”和 108 家“外国人社会融合服务站”，向全市各外国人聚居、聚集的区域辐射。

各级政府要切实增强社会服务和管理职能，加大公共服务经费投入，推进外籍人才的“一证通用”，加强外籍人才社会保障衔接，建设全方位、高效能的国际移民融入服务网络平台，并参照德国的做法，设立专门的移民融合机构和“线上线下”相结合的服务窗口，为外籍人才提供一站式服务和咨询，开设语言培训、就业指引、法律援助等培训课程和提供社会服务。[①] 目前，上海已经初步构建了外籍人才公共服务体系，积累了一些成功经验；北京、浙江、广东等地也在进行探索，但需要厘清服务事项，并促进各个服务环节相互衔接。

七、建立数据支撑体系，实现管理与服务的数字化

作为大数据技术背景下的外籍人才移民制度设计，需要通过创新人才信息的采集机制、基于海量数据的人才遴选机制、全息化的人才职业发

① 黄菁华：《完善我国技术移民的法律制度研究——基于德国的经验》，《中国经贸导刊》，2019 年 11 月中。

展动态跟踪与服务机制等，系统提高国际人才数据治理能力，构建国际人才数据治理体系[①]，通过大数据、云计算等技术手段，动态跟踪、提前物色外籍人才并构建遴选机制；建立不同层级、不同类型的引智管理部门和主要引智单位的信息共享（分级授权）机制，以及开放动态的社会服务网络，实现全过程的数据整合与信息共享。

第三节 多元一体全球化时代的非常规人才移民

多元一体全球化时代既是新一轮科技革命和产业变革深度推进的时代，也是国际政治格局持续裂变、世界经济秩序艰难重塑的时代。鉴于本轮科技革命与以往历次科技革命存有诸多根本性的差别，当前所面临的全球大变局也将是前所未有的，突出体现在政治风险与颠覆性技术创新带来的冲击方面。因此，在多元一体全球化时代，需要对各类非常规移民予以高度关注，并采取必要的灵活应对措施，确保中国外籍人才移民政策的适时性。

一、针对全球难民增加的趋势，尽快出台人才难民专项（Special Refugee Talent）

多元一体全球化时代的最大变量是以美国为首的西方国家在全球利益格局中的角色重置。随着各种非西方力量的迅速崛起及其与西方发达国家之间的关系改变，战争、冲突与摩擦将有所增加，冷战终结之后一度相对和平的世界格局将被打破，甚至大国间的代理人战争与局部冲突也在所难免。2022 年 5 月 23 日，联合国难民署（UNHCR）宣布，全球因武装冲突、暴力和迫害而被迫逃离家园和流离失所的人数首次超过 1 亿，达到有记录以来最高水平。大量流离失所的难民虽有一个共同的难民身份，但内部结构复杂多样，无疑包括大批专业技术人才。因此，在乌克兰

---

① 高子平：《基于全球网络空间的国际人才数据治理体系建设研究》，《中国人事科学》，2020 年第 8 期。

战争爆发的第二天，法国国民议会主席 Jean-Louis Bourlanges 就公然宣称“希望看到乌克兰的知识分子来到法国，这样我们就有高质量的难民，法国可以从中受益”。将难民分为三六九等的说法自然招致多方责难，但也反映了西方技术移民举措的实用主义本质。

事实上，对战争、动乱中的科学家、工程师等进行抄底，是美国屡试不爽的做法。第二次世界大战前夕，欧洲有 2 000 多名科学家为逃避德国纳粹分子的迫害逃离欧洲。美国立即以优越的研究条件和生活环境吸引了其中一大批人才移居美国，他们对美国战时的军事科技发展包括研制原子弹的“曼哈顿计划”的实施起到了关键作用。美国于 1943 年 12 月废除了《1882 年排华法》，每年给予中国 105 名移民限额。1945 年，美国又先后给予印度和菲律宾每年各 100 名移民限额。这些极其有限的名额最终均为相关国家的精英所获得。“二战”即将结束时，美国抢先组织了一支名为“阿尔索斯突击队”的特殊队伍，到败局已定的德国、奥地利等地抢掠科技人才。1949 年，美国又先后颁布《战时新娘法》和《美军未婚妻法》等，允许大约 1 万名来自中国、日本和韩国的女性移民随其美籍丈夫入境。1949 年之后，滞留在美国的 3 600 名华人留学生失去了生活来源，美国通过强制移民的方式，将其留在美国。[①] 越南战争结束后，美国通过难民法，允许越南上层社会的亲美势力进入美国，其中有许多人就是受过高等教育的精英人才。2022 年 3 月 28 日，美国白宫提出的 2022 财年紧急补充预算要求中，专门提出今后 4 年内对俄罗斯 SETM 领域的求职者免除对工作邀请的要求，并要求移民机构在求职申请提出之后的 90 天内受理。显然，俄乌战争为美国及西欧国家劫取人才难民提供了新的机会。

除了美欧之外，以色列是吸引苏联技术难民的另一个赢家。1989—2000 年，大约 58％来自苏联的犹太移民在进入以色列之前接受过高等教育（而以色列本土居民为 25％左右），被以色列移民吸收部（Israel Minis-

---

① Kallgren, Joyce K., ed. “Educational Exchanges: Essays on the Sino-American Experience. Research Papers and Policy Studies 21. ”Institute of East Asian Studies, University of California, Berkeley, 2223 Fulton St. 6th Floor, Berkeley, CA 94720 (1987).

try of Immigrants Absorption)认定为科学家或专业技术人员身份的犹太移民超过 13 万人，其中包括科学家 1.3 万名、工程师 8.2 万名、医护人员 4 万名(包括 1.5 万名医生、2.5 万名护士)，另有 1.8 万名音乐家或音乐教师、3.8 万名其他课程教师。[①] 20 世纪 90 年代初，面对来自苏联的庞大高技术犹太移民群体，以色列政府设立了一批新的资助计划来安置和整合这些移民科学家。除面向高端科学家的"吉拉迪计划"(Gileadi Program，1994)、"卡米尔计划"(KAMEA Program，1997，作为吉拉迪计划的拓展版)[②]以外，还有针对一般研究人员的项目，如 1991 年出台的技术孵化器计划(Technological Incubators Program)旨在安置移民工程师和一般科研人员，由此吸引了大批新到的移民参与以色列的创新创业活动。[③] 以色列科技部通过"基础研究促进和发展基金会"资助了 400 多个移民研究项目，还成立了名为"克里泰克斯"的关于高技术移民资料的数据库，免费为技术移民、用人企业和技术孵化器服务。大批苏联高技术移民涌入的 20 世纪 90 年代，正是以色列科技起飞的时期，这种契合并非偶然，而是彼此之间有着密切的内在联系。[④] 充分利用苏联解体带来的契机，借助于族裔关系吸引人才，以色列所得颇丰。

人类已经进入多元一体全球化阶段，越来越多的人才具有了国际视野和跨文化交往能力。面对国际政治经济秩序剧烈调整带来的战争、动乱、震荡等，我国需要及时出台相应的人才难民政策，充实我国现有难民政策的内涵，参照美国等西方发达国家的做法，在吸收国际难民的过程中充分考虑职业能力因素，为处于难民境地的各国人才提供一定期限的居留资格和求职机会，进一步增强我国外籍人才政策的灵活性，彰显中国作

---

① Larissa Remennick，Russian Jews on Three Continents：Identity，Integration and Conflict，pp. 75—80.

② "卡米尔计划"是希伯来语"吸收移民科学家"(Klitat Madanim Olim/Absorption of Immigrant Scientists)的缩写。

③ Bernard Kahane & Tzvi Raz，"Innovation Projects in Israeli Incubators：Categorization and Analysis"，*European Journal of Innovation Management*，Vol. 8，No. 1，2005，p. 94.

④ Avi Fiegenbaum，*The Take-off of Israeli High-tech Entrepreneurship in the 1990's：A Strategic Management Research Perspective*，Amsterdam：Elsevier，2007，p. 1.

为全新的负责任大国的道义角色。

二、针对短期流动增加的趋势，实施数字游民专项(Special Digital Nomad)

作为新一轮科技革命的核心，信息技术不仅改变了技术进步的基本范式，而且改变了人才的工作方式与集聚指向，包括远程办公。数字游民(Digital Nomad)一词最早出现于日本的 Tsugio Makimoto(牧本次雄)与英国的 David Manners 的同名合著，网络用语中指无需办公室等固定工作场所，而是利用网络数字手段完成工作的人。数字游民代表着远程办公领域的一个自然发展趋势。根据独立工作者平台 MBO 的粗略统计，2018 年仅美国就有多达 480 万的数字游民，2019 年增长到 730 万。面对旷日持久的新冠疫情，利用网络进行远程工作的专业人员越来越多，预计人数还会不断飙升。作为全球最早提出数字游民签证制度的国家，爱沙尼亚于 2020 年 8 月宣布，只要证明在海外有工作且月收入在 3 500 欧元以上，就可以申请这类签证，在该国居住最长可达 1 年。一直寻求利用远程办公机会的百慕大则推出了缴纳 263 美元年费、获取 1 年居住权的政策，吸引年满 18 岁并能够证明已受雇或注册研究项目的外国人去那里远程办公或学习。此外，西班牙、巴巴多斯、泰国等国家和地区也出台了类似措施，让数字游民这一名词真正进入大众视野。[①] 面对新冠肺炎疫情影响，希腊、格鲁吉亚、印度尼西亚等地区纷纷研究制定签证及相关政策，吸引数字游民。据希腊《中希时报》2021 年 6 月 3 日报道，希腊政府计划推出全新的“数字游民”签证。根据相关调查，如果希腊每年能够吸引 10 万名“数字游民”，且他们能平均停留 6 个月，每年将为希腊经济带来 13 亿欧元的净收益，包括提振餐饮、房地产和旅游业，一些“数字游民”也可能选择将税基迁往希腊。网络“数字游民”签证将参照黄金签证计划，对投资者实施激励措施，如在纳税居住的前 7 年，都将享有 50%的减税优

① 李庆雷:《数字游民:互联网时代的新型旅居群体》,《中国旅游报》,2021 年 10 月 20 日。

惠。2022年6月初,印度尼西亚相关部门宣称,鉴于大批数字游民将该国作为理想的远程工作首选目的地,打算为这一群体发放为期5年的特别签证。[①] 上述国家政策安排的一个共性就是将旅游资源作为吸引数字游民的重要因素,力图通过宽松、休闲的工作环境及灵活的税收、入出境政策等,引进世界各地的数字游民。

针对短期流动增加的趋势,美国设置了临时工作签证(H1B),专门短期吸引高层次人才,澳大利亚等国也充分利用临时工作(技能)签证,我国浙江省曾于2011年启动"海鸥计划",对符合该省"千人计划"条件但只能以短期形式(每年在省内工作时间2个月以上、6个月以下,连续3年以上)的海外高层次创新人才提供资助。今后,我国可以重点针对远程办公等工作方式,进行专项形式的短期签证设置,进一步顺应跨国灵活就业的发展趋势。

冷战终结之后,新自由主义经济全球化席卷世界尤其是东方世界。中国、印度、苏联地区不约而同地走上市场化道路,为滞涨已久的西方资本提供了几倍于己的广阔市场空间。跨国公司作为新自由主义全球化的主要载体,不仅大大促进了各国之间的经济交流与产业合作,而且加速了人才资源的跨国配置过程。处于市场经济起步阶段的国家纷纷打开国门,将学生、学者和工作人员派往国外,主要是西方发达国家,学习先进的知识、技术和管理经验等,同时,通过各种引才引智措施,减缓人才流失的压力,获取必要的人才红利;西方不仅通过就地延揽外国留学生等坐收国际人才流动带来的超额红利,而且通过跨国公司的"人才本土化"策略等,深度参与东道国的人才资源配置。在信息科技革命的驱动下,多元一体全球化时代已经到来。我国外籍人才政策安排必须逐步向外籍人才移民制度设计跃升,通过更富前瞻性、战略性、系统性的顶层设计,立足全球、谋划面向第二个百年奋斗目标的国际人才战略框架,并通过外籍人才移民立法的形式,为"聚天下英才而用之"提供制度保障,逐步构建中国特色的外籍人才移民制度体系。

---

① 林辉智:《印尼计划为远程工作者办理五年特别签证》,《联合早报》,2022年6月6日。

后　记

技术移民制度萌发于西方滞涨时代，并于冷战之后扩展至全球。随着中国、苏联、印度不约而同地走上市场化改革道路，新自由主义的全球人才配置机制初步形成，加快了世界范围内的人才流动与人力资本交易进程，国际人才市场首次真正具有了全球意义，新自由主义经济全球化的重要维度——人才全球化——由此呈现。西方发达国家不仅牢牢掌握了人才评价权、国际人才市场交易的定价权和国际人才流动领域的话语权，而且掌控了全球人才的流向与流量，以致人才资源的空间配置更趋失衡。不仅中、印、俄的人才流出规模冠绝全球，而且大批中西非、加勒比、南太平洋小国的人才流失造成了本国的长期严重“失血”，甚至出现了上述小国专门为西方大国培养专业人才后备军的跨国网络，前殖民地向前宗主国的人才倒流情形更是几近触目惊心。归根到底，西方主导的新自由主义全球人才配置机制是不合理、不均衡、不可持续的。

吊诡的是，祸起西方。2007 年的美国次贷危机、2008 年的国际金融危机、2009 年的欧债危机宣告了冷战终结后西方主导的新自由主义全球化渐趋落幕，不仅导致北大西洋两侧的集体内卷与匆忙转向，而且致使力求融入新自由主义全球人才配置体系的大批国家的政策失焦。形成于传统工业经济时代的西方社会科学理论已然难以诠释信息科技革命基础上的全球大变局，包括全球人才大变局。借助于复合依存关系培养和集聚优秀人才的时代开始远去，倒逼各国尤其中国等新兴经济体走上科技及人才的完全自立自强之路。

当然，尽管英国脱欧、特朗普逆袭、美中贸易－科技－人才战以及俄乌战争相继为世界政治经济版图留下了难以抹去的裂痕，但世界已经无法割裂。新一轮科技革命与产业变革深刻改变着人类的生产方式、生活方式和思维方式，非主权主体的国际交往持续猛增决定了主权国家层面的脱钩、决裂、画圈举动有违大势。不仅如此，全球知识网络的形成为知识、技术、创新资源的多点发力、多向传播提供了完全不同于沃勒斯坦世界体系的全新架构，并为考察全新历史进程中的国际人才流动新范式提供了迥异的底层逻辑，使中国可以跳脱国际政治格局裂变和世界经济版图挪移的诸多表象，拂去顿巴斯隆隆炮声卷起的层层迷雾，冷静研判美国民粹政客的茫然喧嚣，洞悉国际政治多极化、世界经济区域化、国际交往主体多层化、全球知识网络化基础上的多元一体世界大势，重新审视西方技术移民政策的成功经验、失败教训及后续走势，系统构思世界历史新时期的人才流动与配置，重构与中国第二个百年奋斗目标相匹配的国际人才战略体系，从基本概念、基本理念、基本原则、基本目标层面进行逐级探索，为外籍人才移民制度设计提供学理支撑与道义支点。

作为西方主导的新自由主义全球化向人类命运共同体曲折迈进的中间阶段，多元一体全球化时代为中国国际人才理论范式的构建提供了独特的历史契机，并为源于中国本土的人才概念及理念的复兴提供了具体场景，要求中国的学者从人出发、从人才出发、从中国出发，重新思考世界范围内的人才流动问题。尽管长期灵活因应一度由西方主导的全球人才配置机制，但中国学术界没有屈从于西方社会科学的理论框架与逻辑建构，从而使中国成为最有可能重构国际人才流动的概念体系、理论体系、制度体系和话语体系的人才大国。新自由主义全球化进程的终结只是理论建构的诱因及条件，中国本土的国际人才理论体系必须基于多元一体全球化的新进程，立足于中华民族伟大复兴的历史使命，并根植于五千年绵延不绝的中华文明。

《外籍人才移民制度研究：多元一体全球化的视阈》是本人主持的国家哲学社科重大项目“我国新时代的国际人才治理体系研究”（项目编号：18ZDA084）和一般项目“大数据时代的我国国际人才柔性集聚战略研究”

(项目编号:18BGL132)的阶段性成果,也是“国家移民管理局—上海市人民政府国际移民政策研究基地”的阶段性成果,汇集了本人近年来在该领域的一系列理论思考及基于信息采集与实证调查的决策咨询研究心得,表达了将数据挖掘、文本分析、学理探索与实证研究融为一体的科研志趣,以及构建国际人才流动新范式的矢志不渝的学术目标。借此衷心感谢国家哲学社科基金、科技部、国家移民管理局、中国高科技产业化研究会、上海市公安局(出入境管理局)等单位和部门的相关领导,在此依规不具名。尤其自 2017 年以来,中国高科技产业化研究会的多位前辈莅临指导,现任副理事长陈宇博士兼任“国家移民管理局—上海市人民政府国际移民政策研究基地”的副主任,与中共中央党校经济学教研部副主任许正中教授、香港中文大学前海国际事务研究院院长郑永年教授等,共同为跨国学术网络的构建以及本团队研究视阈的拓宽提供思路、方向和直接指导,在此一并深表谢意。

书飨同仁,望求雅正。

高子平

2023 年 2 月 23 日